The Lens Of leadership

being the leader others want to follow

［美］科里·鲍克◎著　信任◎译

我这就跟你走

如何成为受员工拥戴的头儿

北京联合出版公司
Beijing United Publishing Co.,Ltd.

图书在版编目（CIP）数据

我这就跟你走：如何成为受员工拥戴的头儿／（美）鲍克著；信任译．--北京：北京联合出版公司，2015.11（2016.4 重印）

ISBN 978-7-5502-6379-6

Ⅰ.①我… Ⅱ.①鲍… ②信… Ⅲ.①企业领导学 Ⅳ.①F272.91

中国版本图书馆 CIP 数据核字（2015）第 236567 号

北京市版权局著作权合同登记：图字 01-2015-6055

The lens of leadership：Being the leader others want to follow

项目策划 斯坦威图书 STW

作　　者 （美）科里·鲍克

译　　者 信　任

责任编辑 牛炜征

特约编辑 陈显英

封面设计 异一设计

北京联合出版公司出版

（北京市西城区德外大街 83 号楼 9 层　100088）

北京中印联印务有限公司印刷　新华书店经销

180 千字　710 毫米×1000 毫米　1/16　16 印张

2015 年 11 月第 1 版　2016 年 4 月第 2 次印刷

ISBN 978-7-5502-6379-6

定价：46.80 元

献给贝丝，我唯一的港湾。

献给我的孩子们：你们继承了一个光明美丽却又充满竞争与挑战的世界，在这个世界中，即使想解决一个最简单的问题都要付出大量的努力。我深知这其中的道理，所以才会为你们写下本书。不管未来你们选择的道路是什么，都请使用这本书中的内容，让自己变得更加优秀更加杰出。你们的未来——连同在你们服务、培养、激励下的家庭们的未来——才是最重要的事情。

献给全世界那些听从召唤、勇于面对领导这一挑战的人们：领导力是至高无上的。

引 言

一切光荣都源自勇敢的开始。

——尤金· F.韦尔

真正的领导者不是制造跟随者，而是制造更多的领导者。

——汤姆·彼得斯

当为《从优秀到卓越》一书搜集数据时，吉姆·柯林斯警告他的团队要小心一个领导力“陷阱”：回应一切事务。柯林斯的团队研究发现，所有在向“卓越”过度的“优秀”公司都拥有非凡的领导力，这些强大的领导力技巧是那些业绩糟糕公司一直缺乏的。

·身为一名领导者，你是否感觉力不从心，但却只能干等着别人发现这一点？

·你的职业生涯是否停下了迅速前进的步伐，或者失去了正确的方向？

·因为没能获得优秀的业绩，你的薪水数字很难看？

·你是否渴望领导一个真正的高绩效团队？如果你真心渴望，那么这本书能够帮助你。

从我身为一名部队领导者的多年经历来看，所有的行动表现，无论大小都可以使用我称之为“领导力透视镜” (The Lens of Leadership)的系统进行评估。如果一个任务失败了，或者被敷衍地完成了，那么这就会被认为是领导的失败；如果军舰通道上的地板是脏的，或者通道两侧的铜制装饰品没有被擦得闪闪发亮，这也是领导的失败；如果军事基地餐厅提供的饭菜很糟糕，这依旧是领导的失败。当领导者们确实对结果负起责任之后，这些糟糕的情况便会得到全面而永久的改进。伟大的领导力寻求的是当责（全权负责、对结果负责）。

在军营之外，我还见到过许多商界、学院以及各种团体组织的领导者，他们总是将成功归功为“领导力”，但是却从不肯将失败也归因于“领导力”。我见到很多老板（有时候甚至是老板们的老板）逃避责任，他们会列出一长串问题并表示这些问题已经超过了自己的管理权限，以此来合理化自己的失败领导。以这样的方法进行领导管理，自然无法让公司变得更加优秀。

我最早的领导力技巧来源于一种有意为之的结构化方法，当然我认为这是世界上最好的领导力实验室：位于马里兰州安纳波利斯的美国海军学院。在这里，海军学院学员们要学习并实践那些最强大的领导力原则，他们的学习方法混合了理论学习、社会模范以及沉浸式体验等多种方式。学员们做的每件事情都是一个展示并发展自己领导力技巧的机会。

我在军队中学习到的这些原则是具有广泛适用性的，其与商界、娱乐界、非营利性组织的领导力原则也有着千丝万缕的联系。很多商业巨子，如《福布斯》杂志前总裁麦尔可姆·福布斯、温迪国际快餐连锁集团的戴维·托马斯、联邦快递的弗雷德·史密斯、宝洁公司的鲍勃·麦克唐纳和雷富礼、纽约杨基队前老板乔治·斯坦布伦纳、雅诗兰黛创始人里奥纳德·劳德以及沃尔玛创始人山姆·沃尔顿，都是在军队中学习并形成他们自己的领导力风格的。拥有相同经历的还有娱乐圈内的一些大佬，如克林特·伊斯特伍德、东尼·班尼顿以及比尔·科斯比。非凡的领导者们深刻地理解到，正是那些人性中最普遍的原则在驱动员工和团队前进。这种理念并不是非要在军队中才能学习到，但是身为一个领导者必须拥有这种理念，并把这种理念带入组织中，才能使整个组织获得成功。

在我的职业生涯中，我经历的身份有：海军学院毕业生兼海军学院前领导力教官、海军飞行军官、两家财富300强公司、一家私人控股公司的商业领袖，以及一名被选举出的政府官员。我的经验教会我要通过“领导力透视镜”去观察所有的任务和成果。这本书将会介绍给你关于领导力的全新观念、全新技巧和全新的自我发展工具。

全新观念

“领导力透视镜”是一种当责制观念，即所有的成功和失败都有其领导上的原因，而身处领导职位的人们都应该为他们的成功或者失败担负起相应的责任。非凡的领导者们并不畏惧使用“领导力透视镜”来检验他们的工作成果。

本书将会向你全面介绍这种并不寻常的观念。在这种观念下，你同时兼具追随者和领导者的双重身份，这一点非常重要。所有的工作意图、行动和产出都应该使用“领导力透视镜”来进行审查，并把注意力集中在领导者对工作结果的最终责任上。

全新技巧

在 2010 年 5 月，《哈佛商业评论》发表了一篇题为《如何留住你的顶尖人才》的文章，文章中企业领导力委员会的调查显示：高达 70% 的杰出工作表现者（也就是未来的专家们和领导者们）都缺乏获得未来成功所需的关键性技巧。

为了弥补这一空缺，这本书将会为你提供一系列强大的领导力技巧，其中包括打造一支高绩效团队的最有效工具。不管你身处什么类型的组织的什么层级，你都可以使用这些技巧。这些工具是可以直接实践的，而不是仅限于理论。你应该在学习到这些技巧工具之后立刻付诸使用，通过提高你和你团队的工作业绩来为你赢得名声和赞誉。

全新的自我发展工具

本书的定位是一本领导力发展自助手册。本书每一章节都包含了一个模板，你可以通过填写模板来创造自己的个人发展计划。这个计划应该成为你的承诺——对公司、对领导者、对团队以及对你自己的承诺。如果你能够坚守你自己的承诺，那么你的工作成绩将会提高，你的声望将会节节攀升，你的职业生涯将会迎来重大的改变。

对你来说，这本书将会是你的“长期资源”：一个人一次只能学习精通一到两种新的职业技能，而“一次”通常是指一个为期十二到十八个月的职业工作进程。这本书已经为你计划好整个职业生涯中的领导力发展课程。当你的技巧和责任都进一步提升之后，你可以选择更适合自己当下需求的章节进一步学习。

领导力的大规模缺失

人类有史以来，伟大的领导者们都是通过不断完善自己与激励他人来书写着我们的历史，未来的杰出领导者们也会做同样的事。但是现在，所有类型的组织中的“领导者”形象，都即将经历一次由人口老龄化“大海啸”引发的彻底变革：8000 万“婴儿潮世代”（1946~1964 年出生）开始退休，这一过程将持续 10 年至 15 年。“X 世代”（1965~1980 年出生）将会拥有 10 年至 20 年的时间来发展自己的领导力技巧并且证明自己，但是其 5000 万的数量并不足以填补婴儿潮世代留下的领导职位空缺。其结果是，一些更年轻且经验不足的 X 世代以及大量毫无经验的千禧世代（1981~1999 年出生，也被称之为“Y 世代”）将会被快速推上领导岗位，直到他们的上司发现他们毫无身为领导者的准备。

到 2014 年，千禧世代将会占据全美一半的劳动力数量。他们有很多优秀的品质：天生就是合作者；从生下来就一直在使用高科技进行交流、学习和解决问题；好奇心旺盛，并且拥有持续学习的欲望。但是婴儿潮世代和早期的 X 世代们拥有几十年的职业发展、指导和经验，这是千禧世代无论如何都无法与之相比的。

当然，这并不是说千禧世代就不能做领导工作：实际上千禧世代已经占据了当今 28%的管理岗位,已经超过了婴儿潮世代的 23%管理岗位比例。因为婴儿潮世代的加速离开以及接替上阵的 X 世代人手严重不足，造成了千禧世代以前所未有的速度登上了高层职位。

虽然本书并不是以千禧世代为目标而作，但是领导力的原则是永恒不变的，并且能够应用于任何公司组织中的任何层级。除非你的公司已经认识到这些事实并且采取了相应对策，否则，大批即将被提拔到领导者岗位的那些人，并没有做好为员工和职位全权负责的准备。

在2011年风险评估报告中，为了研究评估商业风险因素，劳埃德保险采访了全球500强的CEO。在90个风险因素中，这些CEO们认定“顾客流失”排名第一。第二名就是“人才和技巧的缺失”。风险因素名单中还有下列内容：恐怖主义（袭击）、原油及其他生产材料的供给中断、自然灾害、政局不稳定和政府干预。但是在这么多风险因素中，世界最大的500家公司一致认为对它们来说第二大的风险是：“领导者可能不具备打造或领导一支高绩效团队的能力。”

正是由于领导力人才的迅速流失，在2020年代能够占领统治地位的，将会是那些在各个层级都拥有高超技巧和丰富经验的领导者的公司组织，这些领导者们的年龄将普遍处于20岁晚期到30岁早期。如果你想占据十年的先机，那么你需要加速强化X世代晚期和千禧世代的领导力技巧。如果你是一名拥有雄心壮志的X世代或者千禧世代，那么现在就是你书写明天历史的大好机会，你需要做的就是学会如何服务他人、培养发展自己的技巧、领导团队以及获得优异的工作成果。

高质量领导的重要性

为了培养未来的领导者，你的组织需要能够长时间地留住他们。美世咨询公司的一项研究表明，即使在现在这个经济普遍不景气的时期，千禧世代跳槽的概率也是其他年龄段的两倍。而那些精通领导管理的主管们，其直属员工的业绩表现要高出平均值25%，其下属的保留率要高出 40%，其员工敬业—投入度要高出 29%。你现在需要做的，是拥有一批有能力留住千禧世代，并将他们培养成未来领导者的领导者们。

这些技巧能够帮助所有层级的领导者及他们的追随者。你要把他们打造成你所需要的干练员工，这样才能让你在接下来的 10 年到 15 年的时间内依旧保持竞争力。

为什么非凡的领导者们会这么做

• 他们同时以领导者和追随者的双重身份进行工作活动，终其职业生涯都是如此。

• 每一天都以正确的言行要求自己，并且为自己设立了最严格的标准。

• 为领导团队获得成功而自豪，同时优雅地把功劳归功于团队中的每个人，除了他们自己。

• 为了帮助团队打破困难的壁垒，他们会坚定不移地站出来独自奋战。

• 遇到问题时，他们能够独自解决，而不是将问题推给团队。

这本书能够帮助你做到：

• 如果你是团队中的独立贡献者，这本书将会帮助你获得非凡的"追随力"，让你成为团队中的"业绩之星"。

• 如果你是一名新晋领导者，这本书将会教授给你身为领导者最基本、最关键的行为举止，让你在他人面前显得更加专业、可靠。

• 如果你是一名经验丰富的领导者，甚至是公司高层主管，这本书中包含的高级技巧将会在通往最高管理层的路上助你一臂之力。

• 如果你陷入困境，或者你的职业生涯已经脱离正轨，那么这本书将会教授你如何进行"职业修复"，包括如何真实可信地向他人传达你对追求卓越和未来工作的承诺。

• 如果你晋升受阻，甚至失去了工作，这本书中的职业管理技巧将会帮助你应付这些巨大的变化，并帮助你寻找一条新的通往职业成功的道路。

你将学到什么

在第一部分中，你将会学习到领导力的第一要素：追随力。不管你的职位角色是什么，我们所有人都是追随者。如果你已经是一名领导者，你必须持续展示并应用你非凡的追随力技巧，因为身为领导者的同时你也是一名追随者。你还会学习到如何从追随者过渡到领导者角色；如何在保持服务者心态的同时，通过领导他人来获得更多更好的工作业绩。

在第二部分中，你将会学习到如何通过管理你的职业生涯来进一步管理你领导力的自我发展。不管你身处职业生涯的哪一阶段，自我发展的技巧都是同样重要的。你还会通过学习，获得培养他人所必需的能力及资源。

在第三部分中，你将会学习到如何通过激励你的下属，让他们投身于高尚的事业，并以此打造一支高绩效团队。你还会学习到如何让他们及你自己做好准备，准备好去面对那些重新定义你们事业和人生的重大时刻。

如何使用本书

这本书是以实用工作手册模式编写的。本书提供的领导力工具箱将会帮助你将这些知识应用到你的日常工作中，帮助你提高你的工作表现和业绩。

本书提供的第一个工具叫作“影响力地图”，是由密歇根大学荣誉退休教授罗伯特·布林克霍夫博士（他还是世界知名的培训评估和效率领域作家、领袖）创造的。他的影响力地图流程和工具可以同时为学习者和学习者的主管所用。学习者及其主管可以通过影响力地图建立一个小小的联盟，在这里他们可以通过课程、研讨会或者阅读等形式来进行学习，从而提高学习者在工作中的表现。

“影响力地图”同时还包含了能够提高个人和团队业绩的行为活动、这些行为对个人和团队业绩造成的积极影响，以及与整个组织目标的关系。

“影响力地图”中的那些学习活动，只是新教程的开始，同时还必须要有能够锻炼和应用这些学习内容的机会。

本书第二个工具是每章最后的“总结和练习”部分。

- “章节重点”总结了这一章的重点。
- “重点应用”解释了“章节重点”的用途和作用。
- “个人计划”这一部分，你要写下你自己的个人发展计划，包括更多的正式学习，你能够从同事、团队成员、导师那里获得的社交经验以及将你所学知识转化为更高工作表现所需的经历体验。

让我们现在就出发吧！

为什么你要与我共度这段旅程？因为我以培养打造新手领导者为生，而且我已经成功地规划并打造出许多人（包括我自己）的职业生涯，并在诸多差异非常巨大的状况下都成功地进行了领导工作。另外，我还有关于领导力的商业战略经验以及在超大型企业培训高层领导者的教学经验。

每个人都需要支持者和导师。我希望我能成为你的导师。

领导力发展是一个漫长的路程，让我们现在就出发吧！

目　录
CONTENTS

第三章　想要带出优秀团队，你首先要是优秀领导

第四章　好团队成就好领导

第五章　如何带出有战斗力的团队

第一章

优秀员工的五个好品质

THE LENS OF LEADERSHIP

> 我欣赏那种在困难中仍面带笑容的人——他们从悲痛中凝聚力量，从而鼓起勇气，而不是畏缩不前；这种人意志坚定，表明他的行动与意志一致；这种人致力于追求自己的理想，至死不变。
>
> ——托马斯·潘恩，《危机》，1776 年

1 追随领导，为团队整体目标而奋斗

给我一个有目标的理货员，我能让他创造历史。给我一个没有目标的人，我能让他成为理货员。

——杰西·潘尼，美国最大的百货商店的创始人

如果你认为缺乏权威性使你无法进行有效领导，那么是时候重新思考一下你对领导的理解了。

——迈克·博姆、罗杰·帕特森，《二把手的领导艺术》

每个人都有老板，你有老板，你的老板也有老板。如果你在大公司或者非营利性机构内工作，那么你的大部分高层领导要向他们的“老板”——董事会直接汇报，而董事会中的每一名董事，又都是由他们的“老板”——股东所选举或指派的；如果你在一个等级分明的组织中工作，如工厂、政府部门或者跨国公司，那么你可以看到组织结构图中从上到下排满了各级老板；如果你是自由市场中一家小企业的所有者，那么客户就是你的老板。即使是世界上最有权势的人——美国总统，也有他的老板——美国人民！他每天都要通过民意调查获得非正式的工作反馈，每隔四年还要承受一次这个世界上最严厉粗暴的任期考评。

除非你是罕见的例外（有远见的自主创业发明家、拥有自己公司的

老板，或者是家族式企业中的长辈），否则你的领导力之旅已经开启，并且会贯穿你的整个职业生涯。而这段旅程的成功与否，则是由追随力来评判的。非凡的领导力是由领导者和追随者一起决定的。在此二者中，第一重要的则是追随者。

成为一名追随者

优秀的追随力技巧十分重要，因为它能教会我们领导力中最重要的原则之一：服务。许多杰出的全球性组织，如通用电气、和平队、宝洁公司以及迪士尼公司，都有自己的领导力发展项目。而这些项目的初始课程内容大体相似，都是揭示并降低人类天性中的自私自利倾向，并借此传授团队精神和牺牲精神的基础理念。这个理念就是：你是某个比你大得多也重要得多的组织的一部分。

最明显的例子就是军队。一旦你加入，你的指挥官会命令你将头发剪短，会在各种场合里指责你的服装仪容，会限制规范你的各种行为。他们会竭尽全力让你在个体层面上彻底崩溃——不论是身体上、心理上，还是情感上——然后再重新打造你。在这一过程中，新兵们会丢掉他们的个人意识，并树立起最根本的自我认同：他们是所在部队的一部分。他们会获得各种奖励物品，如T恤、臂章、优胜奖品、资格证书和绶带等等，而这些都要通过各种团队训练和共同经历才能取得。最终，新兵们通过为更大的团队服务学会了自我控制。在此期间他们体会到：个人的成就并不值得奖励；当责比个人责任重要得多，因为这是为了团队整体目标的成功负责。

并不只有军队才有这种特定的、有意为之的文化融入流程。在《基业长青》一书中，柯林斯和波勒斯创造了“邪教式文化”这一短语作为一项指标，其作用是将“真正有远见的、能够实现长期自立成功的公司”与其他暂时获得成功的公司区分开。许多高效长久的成功企业都有保持其独特企业文化的工具：

- 拥有鼓舞人心的文化理念
- 倾向于通过严格的候选人筛选程序雇用新员工
- 早期员工培训
- 内部大学
- 在职、非在职的企业内部社会化适应过程
- 稳定的内部提拔政策
- 自有的内部语言和术语
- 能够加强公司“伟大”印象的内部神话和故事
- 一个能够让人在经济和心理上彻底投入公司的全面奖励系统

许多招聘面试培训流程都是围绕如何保持企业文化而设计的，在你进入公司前它们就已经准备好。它们取代了军队中的剃头和列队训练，确保那些公司新进员工都是合适人选。这些流程包括：学业测试（例如，宝洁的“P&G－MAT”）、性格分析、行为面试，等等。那些杰出的大公司们从上班第一天起就竭尽全力让新员工融入企业文化中。举例来说，在迪士尼乐园，新的“剧组成员”（员工）开始工作的第一天，就要先参加一个传统的一周培训项目。

那些学会“追随至上”的团队成员，同时也学会了为领导者的需求服务。再次说明，这并不意味着他们进入了落后的等级制度。而且，我也并不鼓励追随者奉承或谦卑地对待领导。优秀的追随表明你认识到领导者的需求：他们需要与自己目标一致的团队成员，需要这些团队成员做好为实现目标而加倍努力的准备，需要这些团队成员具备足够的学习灵活性，能够预测领导者的需求，并且无须命令就能够主动填补这些需求缺口。追随意味着你要学习像领导者一样书写文章，说他想说的话，在他无法出席的会议上捍卫他的利益，并且能够为了团队目标而揽下那些吃力不讨好的任务。这需要培养从领导者角度进行综合态势评估的能力。追随甚至可能需要你善用不同的角色身份和思维方式来补全领导者的不足和弱点，哪怕连领导者自己都没有意识到这些问题的存在。

追随力是领导力中永恒不变的一部分，原因很简单：每个人都有老

板。你越早越坚定地展示自己非凡的追随力，你就能越快地成为团队的核心成员，越快地晋升到你所期望的职位和工作中去。大多数领导者在提升或推荐你到同组织的其他团队之前，都会先观察你在当前级别和职务中的表现。他们想看到你在日常工作中表现出的职业技巧和风范以及为了伟大目标而加倍努力的坚定意愿，这种心态并不过时，实际上这才是职业发展中的永恒现实。这个过程的关键是赢得你的筹码，而不是排队等候；你所展示的意愿，是由你的表现和你的工作成果来衡量的，而不是通过论资排辈来计算。在被丹·平克称为“概念时代”的今天，能够解决关键问题的创新思维是最重要的，它大声呼喊着：“我能够和大佬们一起狩猎，我会证明给你看!”

非凡的领导力起始于全身心的投入：投入到你所属的公司或团队的理念之中。你需要严肃对待文化融入。你要学习那些能够获得奖励的行为。你要聆听组织内部的传奇故事，并从中筛选出什么行为会引导你获得成功，什么行为会让你失败；什么行为会让你受到嘉奖，什么行为又会让你受到惩罚。

向大量的领导者询问“成功的关键是什么”，并且比对他们的答案，你会发现在任何公司组织中，成功的途径都是多种多样的。请使用“领导力透视镜”来审视公司上下所有员工的行为：他们是否以团队领导力为基础来谈论成功与失败？他们如何为工作成果负责？领导者们是否谈论什么是成功的关键，以及成功的具体定义？他们是否以蔑视的词汇及语气谈论失败？他们能否解释渴望成功与胜利的原因？

注意观察领导者们，尤其是在他们进行信息交流指导时。然后从他们身上寻找并收集那些与你的风格一致的技巧，调整并吸收那些与你风格不一致但是很实用的技巧。你需要持续不断地打造你的领导力工具箱，因为“每个人都有老板”。不管在组织中你身处什么位置，你从那些失败的领导者身上能够学到的东西与优秀的领导者一样多。

伟大的追随者角色

非凡的追随者视自己为团队众多的推动者之一，而一个伟大的推动者则需要饰演非常多的角色。在《越过深渊：让天才团队去工作》一书中：克里斯·彼得森和盖尔·皮加梅特解释了推动者们众多的身份角色。

其中一种推动者为“侍从型”。你需要学习领导者的演讲汇报风格，学习他的语音语调，学习他的书写方式，学习他如何打造自己的故事，学习他的 PPT 制作特点，按照他的风格设计创作内容。

另一种推动者是“导师型”。你对领导者的工作内容十分熟悉，能够激发他的挑战性思维。你知道什么时候刺激领导者，什么时候则不该这么做。不管领导者的弱点是什么（调查方法、项目资金、充满挑战的人际关系和市场交易，等等），你都要精通这些内容并且给予他足够的支持。你需要增强你的领导者的力量，填补他的欠缺，并且训练你自己像他一样思考。

第三种是“变色龙模式”。需要你知道什么时候显露自己，什么时候退到暗处，甚至让自己彻底隐形。记住，非凡追随力的目标是要让你的老板看起来更好更强大，而不是直接站出来显示自己。一名拥有“无处不在”名声的追随者，一名能够将老板未曾预料到的问题答案写在幻灯片备注中的追随者，永远是杰出的、引人注目的。即使他已经融入环境中，也是如此。不过这听起来好像风险很大，许多刚刚步入职业生涯的追随者都害怕他人分享自己的荣誉，哪怕这荣誉根本微不足道。将目标设定在让你的老板看起来更棒这一点上，你会就面临被占便宜的风险。所以，如果一名领导者不断剥削你、从不在公众面前赞扬你肯定你，那么这无疑是一个清晰的信号，告诉你——他是不值得你追随的！

> 就像《星球大战》中的原力一样，父亲的角色同样会有一种黑暗的诱惑力。你必须意识到你背负着的巨大信任。绝对不要“借用”你老板的头衔，不要“借用”他的权利、资源、他对你的信任以及你自己辛苦获得的话语权，来满足你的一己之私。你的胡作非为迟早会被发现，因为这种行为一旦成功，你会一而再再而三地重复，并且会愈加粗心草率，直到你彻底摧毁他人对你的信任。一旦你身为顾问的越界行为被发现，你的影响力将会彻底消失，甚至你在公司组织内的职位工作也会一同消失。

成为杰克·韦尔奇称为“父亲”的角色同时，追随者也获得了展示自己职业成熟度的机会。韦尔奇对此写道：“父亲会平心静气地聆听你的‘罪行’和控诉。父亲爱你、养育你、给你指导，并且在你脱离正轨时矫正你。”一旦你赢得了“父亲”式的信任，你就会成为对你老板影响最大的人。

我见证过的最好的追随力范例，就在21世纪初，那时我的领导者是纽威尔集团一位非常年轻的主管。当时我在地区营销部门工作，而他则是公司纳斯卡赛车项目组领导。一天，CEO团队为公司25个区域总裁举办了一场聚会，聚会的目的无非是拓展人际关系、游说他人、获得资源之类的。那时纽威尔集团是一家非常政治化的组织，CEO在大学摔跤队时就以性急暴躁著称，所以他在区域总裁中鼓励相互竞争。这使得公司成为了大竞技场，每名区域总裁都挖空心思寻找和CEO独处的时间，以向其效忠示好。

实际上，在聚会当晚，公司里有些非常重要的工作没有完成。在我们知道这事之前，CEO和他的首席运营官已经怒气冲冲地离开了聚会。当时我们身处一个公司团队经常聚集的城市，我追随的那位年轻主管知道CEO和首席运营官最喜欢去的餐厅，他迅速地解决了这个25个区域总裁都没有发现的问题：他先与一位和CEO关系密切的区域总裁确认了此事，然后在接下来的几分钟内，我有幸见证了他非凡的追随力技巧。

他给那家高级餐厅打了电话，告诉领班说："有两位位高权重的大人物正在去你们餐厅的路上，此时他们的心情非常非常糟糕。我希望能够帮助您为这两位大人物制造一次非凡的用餐体验。我希望他们离开时能够解决他们最棘手的问题，同时享受了美妙的一餐。"他告诉餐厅领班这两人的烹饪喜好，并把自己的姓名和手机号码给了领班，鼓励领班在遇到问题或者想知道一些具体服务细节时，就给他打电话。接着，他将自己的信用卡账户给了领班，以确保在 CEO 和首席运营官没有留下太多小费的情况下，服务员也能够获得一笔相当可观的收入。最后，他要求和餐厅的斟酒服务员通话，告知 CEO 对红酒的学识和喜好这一重要信息。

"如果我的老板很糟糕，怎么办?"

那你更有理由去全力支持他了！如果你能够填补上你老板的"空缺"，那么你将会变得十分引人注目——以一种积极肯定的方式。你要认识到你是在"为其职位角色服务，而不是为其本人服务"。不管你多么喜欢和尊重你的领导者（或者恰恰相反），你都是在为整个团队的成功而努力，这才是你的责任和义务。你可以通过思考、建立自己的非正式领导力技巧来激励自己。

"我不会被当成马屁精吗?"

如果你的行为表现出你是在诚实可靠地为整个团队谋取利益，就不会。如果你以团队利益为目标而行动，并且在工作中展示了你的高职业成熟度，那么团队中的其他人将会视你的行动为争取主动权和领导权，而不是溜须拍马。

这位年轻的主管在聚会当晚的"向上管理"中展示了他非凡的追

随力技巧。他对他领导者的了解十分透彻，并且仅仅只帮助他们得到了他们需要的东西。其实，我很怀疑 CEO 和首席运营官究竟知不知道，这位年轻主管为他们所做的一切。但毫无疑问的是，这位年轻主管预料到了他们的需求，将他们从愤怒模式巧妙地转换到了高效率的工作模式。他在公司聚会上背着所有的区域总裁完成了这一切，像外交官一样优雅却又不为人所知。他的行动拥有无可辩驳的正确理由，他是为了公司所有人的利益而行动的，哪怕受益人对此一无所知。

如果你能够成为一名推动者、侍者、顾问或者父亲的角色，那么你就能够通过你的追随力来进行领导。以追随者的身份去领导是一个好方法，然而就像任何其他职业技巧一样，这也需要时间和努力才能精通。最优秀的领导者都会希望拥有一支精通这些技巧的追随者队伍，因为这些追随者的天资和自我发展技巧能够帮助他们自己成为下一代的领导者。

培养你的追随力技巧，将会为你带来可观的收益。在你的职业生涯早期，你可能意识不到在团队奋斗中发展出来的友情有多么重要。但是，在你的专业技巧形成期，你与同事、导师之间的关系会伴随你整个职业生涯。

你将会意识到，你职业生涯早期的工作角色为你提供了一个“领导力实验室”，让你能够体验执行、激励等各种技巧。作为一名高效的追随者，你应该尽早并且频繁地自愿担当领导角色（例如，领导项目中的分支团队），这样你将会更快更早地发展出自己的领导力工具组。

同时，你还会学到如何扩大你的权力，如何利用你的责任感获得更高的声望。你需要像企业家一样行动，拥有你自己的生意，这些方法和理念将会教授你如何将事情控制在自己的掌握之下，如何避免让你的团队或项目成为大环境的受害者。将团队的需求和领导的指示置于你的个人意愿之上，尤其是在其他人表现得自私自利之时，这会显示出你的职业成熟度，并让你受到周边领导者们的关注和高度评价。

最后，作为一名追随者，你应该培养出使用“领导力透视镜”来审视自己职业生涯的习惯：领导力技巧是如何影响你的项目、团队以及合作的成败的？你需要保持高度敏锐的观察力，把每件事的成果（无论大小）都与领导者最终的责任以及他在团队中的角色作用联系到一起。当你有机会成为领导者时，你要积累经验并且展现你的最佳举止。请记住，不管你是谁，你既是追随者也是领导者。认识到成为一名杰出追随者的价值，会让你变得更加优秀。

总结和练习

章节重点： 伟大的领导力起源于非凡的追随力。每个人既是追随者也是领导者，这两个都是为他人服务的角色。

重点应用： 你必须能够清楚地区分作为追随者与领导者的不同责任。你必须身处两种矛盾的角色中锻炼出能够获得成功的技巧。了解如何为你的领导、下属以及同事服务，将为你赢得强大工作资源的好名声。

个人计划：

为了学到更多的追随力知识，我要学习/阅读/研究__________。

为了得到更多的专业见解、指导和建议，我会与__________进行联系交流。

我会要求__________来监督我，帮助我保持对__________的责任。

为了获取那些我尚未完全掌握的要素/能力的相关经验，我会在__________（日期）之前去做__________。

2 坚定对团队的信念，绝对忠诚

致我的祖国：愿她永远正确。但不管她正确与否，她都是我的祖国。

—— 斯蒂芬·德凯特，海军少将

很多人对幸福的认识是错误的，获得幸福的方法不是自我满足，而是对自己所负使命的忠诚。

——海伦·凯勒

忠诚，是你的工作角色中能够注入的最持久的元素；换句话说，忠诚是你最强大的工具。对领导者来说，忠诚是最值得去赢取的；对追随者来说，忠诚是最值得去证明的。忠诚应该是你对自己的要求和期望，是领导者对整个团队的要求和期望。在最优秀的团队中，忠诚是一个自我监控的过程：所有团队成员不仅自己要做到忠诚，还要要求并保证他人也做到这一点。

忠诚是把自己的利益放到最后。针对忠诚最频繁也是最重要的考验是：当你的个人意见与领导者不一致时，你是否依然能够严格执行领导者的计划，并且向其他工作伙伴进行命令传达。能否做到这一点将是你职业生涯的分水岭。

我认为，忠诚就是对领导者决策的坚决执行，哪怕这个决策根本不合你的心思。一名训练有素、备受推崇的领导人是不会在决策时讲民主的；而且，来自一名追随者的异见，也并不会受到领导者的欢迎。在世界上绝大部分优秀高效的团队中，所有的团队成员都有诉说自己看法和建议的权利，但是最终决策却由不得他们。一个团队中有且只能有一个决策者，他要独自扛起整个决策结果的重担。

斯图尔特·兰兹曼有一个非常棒的领导力小故事——《该死的大副》。这是一个发生在海军战舰上关于决策和忠诚的故事：

基于天气状况，舰长做出了让船员更换制服的决定，并且交由大副（船上的二把手，相当于公司的首席运营官）去执行。但是这个决定并不受员们的欢迎，因为改换的制服会给他们的行动带来不便。

舰上的一名军官收到了大副的命令，可是这名军官并不想因为这个命令带来的不便受到船员们的指责，所以他在向船员传达命令时使用了这样的措辞："大副要求你们穿上!"很快地，这个被称为"该死的大副的脑残命令"传遍了这个军官领导的整个下属团队。

不久，舰长无意间听到了船员在抱怨"该死的大副的脑残命令"。这时，他很清楚地知道：在他的军舰上出现了忠诚性问题。随后，他集合手下的军官们并且给他们上了一课。他告诉他们，想要知道忠诚性问题发生在命令传达的哪一个环节，是件非常容易的事："该死的大副"背负着所有的指责，意味着忠诚问题就出现在大副的下一级命令传达者（军官）之中。

虽然这是个军队故事，但是其中的寓意和教训对所有公司组织来说都非常重要：一旦决策被制定，所有等级的领导者都必须像自己做出的决策一样忠实地向他人传达。如果员工中出现了"该死的生产部经理命令"这样的抱怨，那么生产部的大老板就会知道，至少有一个不忠诚的人是从生产部经理那里接受命令的。

令我十分惊讶的是，居然有那么多的领导者或追随者在传达不受欢迎的命令时，要带上命令发布者的信息。其实他们这是在肆意践踏自己的影响力，肆意践踏下属团队对自己的尊重。如果你持续不断地使用这样的句式传达命令："某某某和某某某决定我们要……"那么最终你的团队成员会产生这样的想法："为什么我们需要这么一个跳梁小丑？决策中的问题这么多，他为什么不能说服大老板改变一二呢？他得有多废物啊！如果我是整个小组的领导，我会干得比他强得多！"然后，你在整个团队中的影响力就会逐渐消失殆尽。

退休上将科林·鲍威尔对此给出了他的解答："当我们争辩一件事时，忠诚意味着你要给我你最诚实的想法，不管你认为我是否会喜欢它。在这一阶段，不同的意见将帮助我进行思考。但是，一旦决策被制定，争论就应该立刻结束。从这一刻开始，忠诚意味着你能够严格执行决策命令，不管你赞同还是不赞同。"

为了避免降低你的公信力，降低团队成员对你的领导力和忠诚的敬意，你需要像你自己的决策一样传达每个命令。"接下来我们要做的是……"这是一个传达命令的好句式。如果你的团队对命令产生了抱怨，你则需要将这种态势扼杀在萌芽之中，你可以使用这样的表达方式："这当然不是条容易走的路，这需要我们每个人的努力才能获得成功。现在我们来交流一下，看看如何做我们才能实现它。"如果在对话阶段，你的建议没能改变团队的悲观态度，那么下次你需要带着更完善更具说服力的论据卷土重来。

如果争论升级了，那么尽可能地在最初的阶段解决掉它。当公司员工都卷入了"我的老板比你的老板更强"这一游戏中时，没有人是赢家。这纯粹在浪费时间，它让争论双方看起来都很愚蠢、软弱，毫无团队合作能力。遇到这种情况时，你需要做的是将你所掌握的情况摆上桌面，向所有下属团队成员展示，并且向他们传递你的心声：整个组织的最大收益是你真正的目标。

作为一名品牌经理和项目领导人，面对那些拖项目后腿或者不与项目保持高度一致的工作伙伴时，我曾无数次地想搬出我老板的头衔来教训打压对方。不过幸运的是，我从马克·克莱门特（现波音公司高级主管）那里学习到的东西让我的职业生涯和工作人际关系受益匪浅。曾经有一次，当我和来自另一个团队的一名同事产生冲突之后，马克对我说道："科里，你要知道，没有任何借口可以让你陷入这种'我们对抗他们'的模式中。即使你身处一个等级制度森严的组织中，一旦你的职位上升一级，就没有'他们'这么一说了，有的只有'我们'！当你具有足够的职业成熟度以及组织层面的领悟力，并且能够将这种精神带入对话时，你必须永远占据这个道德制高点。"

坚持信念

如果你发现自己对一系列决策命令持有不同意见，并因此挣扎在忠诚与不忠二者之间时；或者因为缺少足够的领悟力及远见来判断你执行的决策是否正确时，请坚持信念。

恐怕没有人没听过"坚持信念"这个短语，但是如果对它没有足够深刻全面的理解，那么它将会给你带来负面想法，甚至是愤世嫉俗的心态。我是在"战俘训练"中学到了"坚持信念"中蕴藏的真正力量，那是在我获得海军飞行员资格之后。

美国《士兵行为准则》第四章中提示我们："如果我成为了一名战俘，我会坚持我对战俘同伴的信念。我不会吐露任何可能会伤害到战友的信息，不会参与任何可能会伤害到战友的行动。"我们的"战浮训练"第一课是坐在教室中，陆军士兵、海军士兵、空军士兵和海军陆战队队员们大家一起学习记忆《士兵行为准则》。我从进入海军学院的第一年就熟记《士兵行为准则》，到现在还能够倒背如流、一字不差。但是对我冲击最大的还是实战训练的课程。

> 忠诚是一种非常强大的力量。它能够使你获得尊重，提高你在组织内部的声望，并且随时间推移逐渐扩大你的影响力。但是不管怎样，忠诚都不应该排在正直和良知之前。一个公司或组织雇佣你和你的团队成员，其不仅仅是需要你们的工作能力，还需要你们的道德分辨力和判断力。无论怎样，你都不应该盲从。我们会在下一章探讨这其中的潜在矛盾。

在“战浮训练”训练课程中，“躲避”阶段之后，是模拟你被“逮捕”后的情形。在你经历各种各样的“严刑逼供”之后，你会在一间小小的冰冷牢房内度过一段时间，这段时间会让你觉得漫长得没有尽头。这是为了让你练习抵抗技巧，以防你在战争中真被敌方俘虏。对我来说，在被审问的过程中最让我沮丧痛苦的时刻，是一张张照片摆在我面前，而照片中是我在军事学院的同学们。他们不论男女，都具有鲜明的性格、勇于献身的精神、强大的精神力以及训练有素的身手。而他们照片的出现无疑是要我怀疑他们已经叛变。在照片中，他们有的坐在一锅滚烫的肥皂液前，有的举着一张承认自己是“战犯”的签名认罪书，有的则坐在温暖的营火前与敌方的指挥官促膝而谈。这些画面多么令人崩溃啊！这就是我在训练中最脆弱的时刻：当他们毫无疑问都放弃的时候，我又有什么能力承诺我能继续忍受身体上的痛苦并且坚持下去呢？幸运的是，《士兵行为准则》第四章如泉涌般从我疲惫的心灵深处冒了出来，提醒着我“坚持我对战俘同伴的信念”。

在接下来的一次“审讯”中，我发现了事情的真相：在脑袋被布袋蒙着的情况下，我被带出牢房，进入另一个小房间，我的身体被固定在椅子上，双手则被固定在我的身前。突然间，我的头套被扯了下来，同时一道刺眼的强光让我失去了视力，紧接着头套又罩在了我的头上。没有威逼，也没有利诱，就这么结束了。我不知道刚刚发生了什么，但我知道这不是我经历过的最糟糕的“审讯”。或许，军营里出现了什么状况，需要他们立刻将我送回牢房，以便他们集中精力优先解决?

这个谜，直到我刮干净了胡子，美美地睡了一大觉，然后返回课堂之后才被解开。在我的一对一任务报告中，一张照片展示在我的面前：照片中我的双手静静地放在一张承认我是“战犯”的签名认罪书上。这张照片是用来瓦解那些在我之后进入这一流程的同学的心理防线的。

多年来，当我质疑领导者的决策时，或者在我缺乏足够相关信息却又怀疑某位同事的动机时，这段经历帮助我渡过了这些难关。当你想要以他人名义传达命令时，或者开始怀疑为什么他们和你同一层级，却能了解你无从知晓的业务的实际情况时，请记住“坚持信念”。你要保持对决策者的忠诚，收集更多更完整的信息来更好地理解整体情况。即使在收集足够多的信息后你依然感到不满，你也要继续对你的老板和同事保持忠诚。如果你能够做到这些，那么你的影响力将会随之增长，直到有一天你将会获得能够让自己制定决策的机会。

一个团队有着高忠诚度，意味着这个团队内的领导者和团队成员全体能够互相监督并确保他人在坚持着对忠诚的责任。如果你所处团队中的成员缺乏对决策者的忠诚，冲突升级很快，或者对其他人的技能及良好意愿缺乏信念，那么你需要站出来，向整个团队或你的领导者建议使用“领导力透视镜”来对团队进行一次评估审查。

总结和练习

章节重点：对追随者来说，忠诚是最有力的手段和工具之一。它能让团队成员们像对待自己的决策一样传达决策命令。你需要将冲突尽可能在最低层级化解，这样做同样能够强化团队忠诚度。

重点应用：你必须检验你的团队的忠诚状态。如果决策命令被以“该死的领导”形式传达，团队成员将冲突上升到领导者层面，或者出现了对团队成员能力或者意图的讥讽，这说明你的团队忠诚度出现了很大问题，你必须立刻开展对话讨论，来面对并化解这种有害状况。通过提高团队成员们的忠诚度，你可以成功地提高整个团队的工作业绩。

个人计划：

为了学习更多关于忠诚力量的知识，我会学习/阅读/研究__________。

为了得到更多的专业见解、指导和建议，我会与__________进行联系。

我会要求__________来监督我，帮助我保持对__________的责任。

为了获取那些我尚未完全掌握的要素/能力的相关经验，我会在__________（日期）之前去做__________。

3

正直为人并可以以身作则

多年的妥协和借口，会让你在面对危机时无法发挥出应有的优秀品质。英雄的唯一试练场就在平淡无奇的日常之中。当你做出能够改变一个人的人生、甚至一个民族的命运的重大决策之前，唯一能够进行的准备，是你做出的数以百计的私人重大决定。习惯，是优秀品质每日都要面对的战场。

——丹·科茨，前美国参议员

信任不是朝夕之间就能获得的。

——海军上将盖里·罗海德，美国海军作战部部长

在海军学院最后一年的春天，我写了有生之年最痛苦的一封信，信是寄给海军学院荣誉委员会的。那时，一名教授指控我的一名同学在毕业项目中造假。这名同学对我来说并不普通，他跟我有着兄弟一样的情谊。我们曾经是三年的工作伙伴，我招待过他去我的家乡游玩，在假期一起旅行。虽然信仰不同但我们在一起祈祷赞颂，我们一起在学业上和运动中努力拼搏获取胜利。

我并不知道“造假”这件事的来龙去脉，也没有涉入到荣誉委员

会的调查程序中。但是，我是一个有着四年军龄的海军军官，同时还是一名高阶学生领袖，所以我的这位同学请我为他写一份品德证明书发给委员会。在证明书中，我从个人和职业两方面详细叙述了我对我这位朋友的了解，并且告诉委员会，在我的观察范围内他从始至终都表现出超乎常人的高标准道德品质。但是我也不得不写下这一段话："如果荣誉委员会发现他有违背荣誉观的行为，（我的朋友）知道我坚信任何违反荣誉观的海军学员都应该被学院立即开除。"我坚信我的荣誉感要求我向我的朋友和委员会清晰地传达我对于体制公正性的坚定信念[①]。同时，我也不希望在面对荣誉委员会时，我的领导者身份和我的朋友身份会表达出不一致的矛盾信息。

《海军学院荣誉观》是由1951年那届海军学员所写[②]："海军学员绝不说谎、欺骗或偷窃。"西点军校的荣誉守则也大同小异："西点学员绝不说谎、欺骗或偷窃，也不得容忍他人有上述行为。"许多其他的普通社会院校也有着类似的荣誉准则，其中一些还有由学生管理的委员会，在学校中监督管理那些有悖荣誉的行为。这不完美的世界充斥着各种不完美的人，为什么"荣誉"就这么重要呢？因为不管组织大小都是由人组成的，正是这些人每天都做着各种重大决策。不管他们身处商业组织、军事组织、宗教组织、传媒行业、法律行业、医药行业，还是公益组织，这些决策在现今及未来都会对他人产生巨大的影响：它们会影响人们的工作、供养家庭的能力、未来收入，等等。对人们来说未来是个巨大的未知数，可能极其成功，也可能会成为一场彻底的悲剧。所以，现在，作为追随者、领导者以及大小事务的"决策者"，你必须做诚信之人、行正直之道。

---

① 那些年让我了解了，由人监管的理想完美系统，依旧无法保证获得正义的结果。

② 由两名学生领导（罗斯·佩洛特和威廉·P. 劳伦斯）撰写，后来这两名学生也对世界做出了杰出贡献。

做正确的事

首先我要澄清一下，我并不想假仁假义地在这里高谈阔论。我创作这一章的目的是强调正直、诚信这些高尚品德对于追随者和领导者这一双重角色的重要性。现在的新闻头条中充满了太多利欲熏心、自私自利的家伙，他们在毁掉了别人生活的同时，也毁掉了自己。所以，这个话题应该被领导者在组织的各个层面频繁地提及，并且成为组织与正式职工之间最重要的对话内容。

我对正直的简单定义为："正直就是在没人看到的时候也做正确的事情。"

很简单，但是并不容易做到，不是吗？而且，你心中的"正确的事"和组织中其他部门职员心中的"正确的事"也有很大的不同，甚至会完全相反。这也是为什么围绕这个话题的对话要持续不断地进行的原因。

为什么海军学院和西点军校一再强调荣誉的重要性呢？为什么他们要花费大量的时间和金钱来教授原则和品德的应用哲学呢？为什么他们在四年间创造了数以千计的"灰色"决策地带，让学员们在有限的时间、巨大的学业压力以及疲惫的身体状态下进行决策，并观测每个学员的决策过程呢？因为他们相信，如果一名学员可以在"小事"上摒弃正直与诚信，例如在化学测验中作弊，或者对自己在任务中的表现撒谎，那么毫无疑问地这名学员也无法让国家在"大事"上去相信他，例如导弹在发射前是否百分之百符合发射标准和条例，或者对于核弹的例行维护是否彻底完成。巨大的性格缺陷往往在日常行为中已经暴露无遗。

“科里，在上一章中，你不是说要忠诚于我的领导和同事吗？”

忠诚但不能盲从。不幸的是，生活会一而再再而三地考验你的正直。你必须自己决定什么或者谁是你忠诚的目标或者对象。拿你的个人信仰和组织价值观作为你的衡量标准。一旦你发现你的正直受到了考验，不管这考验是来自你的领导、同事，还是你的朋友，你都不能违反这些最基本的原则，这是更高忠诚度的体现。

每个军官委员会都一再重申“特殊的信任与信心”，因为美国已经将其植入每名新晋军官的个人荣誉感之中。同样，你的组织也在将“特殊的信任与信心”植入你们的个人荣誉感之中。

高度正直会赢得高度信任

不管是一个小组还是一整个组织，当它坚持依照正直的准则运行时，其成员也会意识到他们可以彼此依赖，他们会不辜负彼此的承诺并且获得超出预期的成绩。团队成员中的这种信任感会转化为自我动力，只要团队成员间不断产生和获得信任，这种自我动力就会不断地加强。信任的范围越大、强化的越多，反过来会产生更多的信任。

美国政治经济学家弗朗西斯·福山曾引用史蒂芬·柯维《信任的速度》一书中的一段话：“社会中的广泛不信任感会向所有经济活动征收税费，而在高信任感的社会中则不会发生这种情况。”一个信任感很低的公司会采用更多的监督规章及组织结构，以确保人们不会做出破坏信任感的事情。管理层的不少人认为顾客、客户会占公司营销项目的便宜，所以才会有冗余的系统、大批的律师和会计师先行把这些事情考虑周详。

但是这种高度控制的环境实际上是剥夺了人们展示自己的诚实和正直的机会。这种高度控制会提升组织的诚信力的说法实际上是一种谬论，证据就在每天的新闻中。对于这些不诚信引发的状况，董事会和媒体经常使用“程序失败”这样的词汇来掩盖，而不是人类诚信的失败。他们总是说，如果能够有更多的监督措施，那么这些情况就能够避免。错！如果人们能够揭发那些心怀不轨的决策，能够大声宣扬诚信，那些伤害公司组织、公司业务、投资者、公司员工以及公司信誉的难堪境遇都可以避免。

想要创造一个高信任度的环境，人们需要诚实、富有荣誉感和高尚品德。但是仅有这些是不够的，如果人们缺乏工作必需的技巧或者基础工具，例如质量管理流程，那么信任依旧会被破坏，因为产生的结果无法赢得信任。所以，身为一名员工，必须接受良好的培训并且具备必需的品质，这样才能服务好顾客并赢取他们的信任，不管这些顾客来自于组织外部还是内部。

只有诚信和成绩二者皆备，才能培养出一个具有高度信任感的团队。高信任感的团队比低信任感的团队要拥有更多的运行模式，他们不仅可以避免“低信任感附加税”，同时还能够以超高效率运行，柯维称之为“高信任感红利”。这些高信任感团队产生的业绩更好更快，因为在这些团队中监控和限制更少，这意味着能够延缓和阻碍项目进程的因素也相应地大幅减少。

因为坚信他们的队友会做正确的事情（即使在没有人监督的情况下），同时也知道他们的队友训练有素、设备精良、值得信赖，这些高信任感的团队将会远远超过他们的竞争者。

打造一支高信任感的团队

如何才能打造一支高信任感的团队？为了提高组织的整体正直度，你必须做三件事：教育、以身作则以及强化。

教育

即使是同一组织的成员，也会在许多方面存在着巨大的不同。但是不同不可以作为不诚信的借口，人们都是带着不同的是非观来到工作场所的。你应该立即着手，通过具体的案例和故事，来进行关于诚信、道德以及优秀品质的谈话。公司从高到低的各级领导者——而不仅仅是伦理委员会或者人力资源部的领导——都应该抓住每天出现的教育时刻，来讲解公司的价值观，给出具体的行为案例并分析这些行为是否符合公司价的值观。

谈话的关注重点不是这些行为为什么会“违反公司政策”或者“让你陷入麻烦之中”。团队成员们需要讨论的是不诚信的行为所导致的自然结果。不诚信的行为带来的自然结果必然会影响甚至破坏安全、质量、效率、团队合作精神以及团队信任感，即使消息从没泄露到公司之外也一样。请记住，重要的不仅仅是诚信，能力也是创建高信任感的环境不可或缺的一部分。领导者应该讨论工作中员工的卓越表现和发展，这样预期的高业绩才能伴随高诚信度一起达成。

如果这些教育谈话还没有在你的团队中出现，那么你作为一名追随者应该主动采取行动。一旦你听到或者读到其他组织中不诚信不道德的行为时，你就应该开启一场“闲聊式”谈话，内容是关于这样的不诚信或者低能力行为是否也会出现在自己的团队中。你可以惊讶地大声问道：“到底怎样才能抵制这些诱惑?”或者“我们怎么做才能在工作中表现得更好?”这些问题发人深思，可以营造一个很好的思考氛围，让大家通过案例潜移默化地学习到“正确”的行为。曾经有人问我，诚信是否可以被培养出来，还是人天生就是分为“诚信”和“不诚信”两种，而且无法改变。我的答案是：我在上文中提到的谈话方法对任何想培养高诚信度的团队来说都是绝对适用的!

以身作则

教育非常重要，但是言行合一却是重中之重。有的组织中会出现这样的情况：墙上高高地挂着公司的价值观和行为准则，但是各阶层领导者的言行却与之背道而驰。没有什么能比这些言行更快速地摧毁信任感、制造愤世嫉俗和玩世不恭的态度。

大型快餐连锁店 Chick－fil－A 通过周日打烊（这可是快餐店一周中营业额最高的一天）来贯彻公司拥有者的两大价值观：“信念”与“家庭”。通过将员工的个人休息时间与家庭团聚时间置于公司的利润之前，这一决策向其所有的附属公司发送了一个强有力的价值观信号，这就是以身作则的表率作用。Chick－fil－A 坚持奉行它的价值观，从而获得了员工及顾客的真情回报。

假仁假义是诚信的敌人，它能够彻底破坏一个高度诚信的环境。模范的力量来源于一致性。你和所有的团队成员应该持续不断地展示组织的所有文化行为，而不仅仅只是诚信这一部分。这意味着，为了财政预算，你不得不乘坐经济舱出差；这意味着，为了在全公司贯彻执行节省预算，你不得不大幅降低你的酒店和工作餐档次。这些行为将会防止言行不一的情况以及不公平的怨言的出现。你还可以在向领导者汇报之前，先让他人来检查你的工作，这种行为同样可以显示你的高诚信度。

诚信强化

为了强化组织对于诚信的重视以及对追求卓越的承诺，你必须做好赞美英雄和开除违规者的准备。

一旦有团队成员根据你的价值观做了“正确的”事情，尤其当这件事完成难度很大时，你必须要表扬他，将他的故事尽可能广泛地传播：可以将这个故事放在公司组织的内部主页上，写进公司的内部通讯新闻中。总之，你要大肆宣传，让团队成员知道这种“正确的事情”

（不管是好的结果还是良好的品德）都是珍贵的、值得赞美的。

反过来说，如果有成员一再犯错误，尤其是违背组织价值观的重大错误，那么你必须将这名员工与整个团队隔离开，也就是开除，而且要在整个组织内部进行通报。开除必须是谨慎且充满尊重的，同时也是必须完成的。在组织内通报有三个重点：强调组织价值观的重要性，展示组织对于价值观的重视和责任感，减少团队成员因为对事件一无所知而产生的谣言和心理动摇。

我知道有一家公司，副总裁就因为屡次违反组织价值观的言行而被开除。从领导力角度来讲，这么做是正确的，而且还要求每个部门的领导者都要向其直接下属讲述这件事，并指导他们再向他们的直接下属讲述，直到整个组织内部都知道了这件事。

“某某某（副总裁）是个好员工。一直以来，他的工作成绩都很突出。但是他不能够继续成为我们中的一员，因为他无法遵守我们的价值观准则。我们也知道，在这次事件中，公司里的一些员工能够勇敢地站出来批评这种违反公司价值观的行为，他们无疑做了正确的事情。”

这一段讲话简短有力，不仅向全公司清晰地展示了所发生的情况，同时还强化了公司肯定的正确行为。

弗朗西斯·福山所说的“低信任感附加税”理论造成的负面影响以及低信任度的团队行为，就是套在你工作业绩上的脚镣，让你寸步难行。非凡的追随者们和领导者们已经充分理解：他们对于团队的道德文化负有全责。你需要通过使用“领导力透视镜”来审视你的团队，并立刻进行诚信教育、以身作则及诚信强化。

总结和练习

章节重点：诚信就是做正确的事，即使无人监督。组织的声望和成功全都依托于你的行为。高诚信度会带来高信任度，而高信任度则能打造优秀的品质和能力。

重点应用：你的决策影响着他人的生活。不管你是追随者还是领导者，你都必须教育、以身作则并强化那些模范道德行为，目的是打造一个高信任度、高业绩表现的团队。

个人计划：

为了学习更多的关于诚信、道德以及优秀品质对于个人和公司组织的积极影响的知识，我要学习/阅读/研究__________。

为了得到更多的专业见解、指导和建议，我会与__________进行联系。

我会要求__________来监督我，帮助我保持对__________的责任。

为了获取那些我尚未完全掌握的要素/能力的相关经验，我会在__________（日期）之前去做__________。

4 罗文中尉：自动自发和执行力的最佳诠释

为了达到目标港口，我们必须时而顺风航行、时而逆风航行——但是我们必须航行，不能随波逐流，更不能放下船锚。

——老奥利弗·温德尔·霍姆斯，美国医师及作家

水流迅捷，
顺流而下，
躺在你的船上，
躺在你的美梦中，
是如此的轻松惬意；
但是上天却计划不同，
它需要一个真正的男人，
时刻划桨直奔上游。

——查理·威恩特迈耶

我在海军学院上的“第一堂课”，在我尚未正式加入海军时就已经开始了。这堂课，来自阿尔伯特·哈伯德的《把信送给加亚西》。在我进行海军学员宣誓的前夜，这本书就已经出现在我宿舍的床铺上了。

《把信送给加亚西》是一个富有积极性、智慧和自立精神的寓言故事。这个故事撰写于 1899 年，内容背景是美西战争的早期。故事讲述了美军上校安德鲁·罗文坚持不懈的主动精神以及“没有什么做不到”的坚定态度。罗文一个人设法穿越了凶险的大海，与反西班牙武装力量建立了联系，独自将美国总统麦金莱的军事援助信件交给了古巴反抗军首领加西亚将军。在接受任务时，罗文没有问总统任何问题，也没有关于是否能够成功或者是否危及生命的任何疑问，就这样踏上了旅途。

哈伯德的这篇文章深受大家的喜爱，于是他将这篇文章以小册子的形式翻印并且推销给了数千家公司。在 20 世纪初，这本小册子被分发给了无数的员工，公司希望他们能够学习罗文，成为更富有主动精神的低需求追随者，并且持续不断地达成公司预期业绩。

哈伯德在结语中强调拥有加西亚精神的员工：“永远不会被炒鱿鱼，也永远不会依靠罢工去获得加薪。在漫长的人类文明史中，我们一直在焦急地找寻这样的人。他们所有的要求都应该得到满足；他们是如此珍稀，任何老板离开他们都会损失惨重。每个城镇、每个乡村、每间办公室、每家商店和工厂中，都需要这样的人。整个世界都在声嘶力竭地呼唤——我们需要他，我们迫切地需要他——呼唤那个能把信送给加西亚的人。”

与那些需要不断督促和反馈才能完成任务的人相比，一个能够为任务的完成负起全部责任的员工会更加受到优秀领导者的喜爱。所有现代领导者的工作都需要通过委派给团队成员来完成。优秀的领导者希望能够不必告诉追随者如何去做，追随者就能将任务完成。为了达到这一点，团队成员在具备高素质职业技能、高度自主性的同时，还要有持续不断的主动性、低需求以及严格按预期完成目标等特性。

持续不断地显示主动性

你要成为一个行动派。你需要事先预见到当前的情况、项目、团队以至于领导者的需求都是什么。这里所说的预见不能是涉及权力、利益的，不能是“跪舔”的，或者用我祖父的话说，你不能是一个“马屁精”。预见是指如果你发现了一些团队工作上的空白区域（某些任务尚未完成、某些漏洞未被提上修补日程、某些需求尚未被满足），那么你就要去主动填补这些空缺。

你需要积累自己的声望，成为那个在任务还没被指派前就将之完成的家伙，成为那个在问题还没提出前就拿出答案的家伙，成为那个积极帮助他人完成任务却从不大肆宣扬的家伙，这些“名声”将会是你的职业和工作的最大助推器，不管你身处公司哪个层级。你不需要多说什么，你的美誉会自动流传开来，而领导者们、各个团队以及整个组织都会视你为“核心”人物。但是无论如何，你都不能去抢别人的工作，因为这涉及到权力和利益，是一种糟糕的团队合作方法。你不能成为一个抢别人工作做的人，但你应该成为那个帮助他们完成工作的人。

也许有人会说：“我没有采取主动的权力、权限。”

面对这样的问题，畅销书作家及项目管理专家尼尔·怀特会反问他的培训学员们：“上一次你的老板让你坐下或是指着你的鼻尖，告诉你你做的事情已经超越了你的个人权限，是什么时候?”尼尔停顿了几秒钟供学员们思考，然后他继续说道，“如果在过去的几个月中你被老板警告过，说你没有权力去做一个超越你权限的决策，那么请举手。”他继续追问，“三个月内有的请举手？六个月内呢？过去的一年中谁听到过这种警告?”即使是在听众众多的大型公共活动中，也从没有几个人举过手。接着尼尔会进行一番严厉的训话：“如果你回忆不出来上一次被警告‘越权’是什么时候，那么我不希望听到诸如‘没有足够的权限’这种抱怨。你离权限的边缘还差得很远。”

你可能认为自己“没有被充分授权”或者“缺乏采取主动性的权限”，请不要相信自己的这些说辞。你需要扩大你的权限；你需要的是让别人原谅你的主动性行为，而不是获得他人的许可。不要等着别人“去做些什么事”，你要去做、去让这些事情发生。

成为一名“低需求”的追随者

没有人会喜欢一名“需求过多”的团队成员。除了为领导者收拾残局，追随者还有足够多的其他工作去做，而领导者绝对不需要在验证他们下属的工作时带上额外的累赘。如果关于一名追随者有这样的传言：某某某需要手把手的指导才能完成工作，或者某某某的个人生活过于复杂，甚至都影响到了工作。那么他很难洗脱这些不好的名声。

这里要说清楚的是，我不是说你不应该偶尔向领导者、导师或者同事求助。不过，当你需要帮助时，请先向你的同事求助。你需要像珍惜你自己的时间一样对待他们的时间，并且保持沟通渠道的畅通。如果你担心你需要比预期中更多的帮助，那么你应该向他们询问你需要做什么来提高你的能力以便能够独自完成任务。你的工作伙伴将会是你最好的早期警报系统，防止你成为“累赘”和“负担”。同样，你也可以向你的领导者求助，寻求他对团队工作的看法，以确保你专心工作的是“正确的事情”。

我们都会有可能遇到影响到我们工作的各种生活事件。那些最杰出的追随者们，会使用自己的方法来最小化这种影响。我的意思并不是减少你自己在工作中的重要作用，让团队里的朋友帮助你分担工作。我希望你能够定期进行自我反思，反思你对团队的支持环境是做出了贡献，还是加重了它的负担；你要求领导者的帮助是否超过了你给予的帮助？最杰出的追随者们不仅不会成为领导者的负担，相反地，他们一直都在使用自己的方法来减轻领导者的负担。

坚持不懈达成目标

身为一名追随者，你需要做的最重要的事情就是——“去做”！在《执行：如何完成任务的学问》一书中，拉姆·查兰和拉里·博西迪告诉我们：“执行就是商业领导者的工作。”如果你能够持之以恒地打破各种障碍，在时间和质量上获得远远超出预期的成果，那么你的这种声望将会成为一个早期指标，显示你未来身为领导者的高效性。这些声望，是让你从工作伙伴们中脱颖而出的早期方法之一。这里有一些方法可以让你获得这些声望：

注意细节。据我观察，那些在管理日常项目时能够关注细节的人，通常会获得更大的成功。

守时（即使他人都不这么做）。每次会议，你都要提前几分钟到达（你可以带一些其他工作，如果他人不能按时到达，你也可以有事去做不会浪费时间），这是你守时的表现，同时你要鼓励他人也这么做。

充满激情。当某人展示自己的结论时，其他人只是专注地倾听，长此以往，大家就会变成只是“出席”而已（只出席不发言）。所以，你需要成为一个坚信自己所做所说之人，并且积极与他人交流你的理解与想法。

保持求知欲。你要问很多问题，主动承担你团队中的“魔鬼代言人”角色。你还要读很多书，成为一名贪心的学习者。如果团队中的每个人都能够读书，增长见识，并且通过询问大量问题来挑战彼此，那么这对公司组织来说将会起到极大的推动作用。

如果你可以用“失败不是可选项”来描述你对达成目标坚持不懈的追求，那么你同样可以赢得“有创造力”的、“足智多谋”的“问题解决者”的声望。

后果自负：罗文悖论

在这一章中，我从歌颂罗文上校身为追随者的美德——“不问问题，完成任务”开始。同样，我也鼓励你这么去做。

当然，成为一个独立的有强烈自主精神的人，与一个过于固执不知何时寻求帮助的人，还是有很大不同的。你需要以企业文化和当下的团队动力为基础，自行思考并决定自己的独立性与团队合作的平衡点在哪里。千万不要死板地学习《把信送给加亚西》。你绝对不希望因为过度强调自主性，固执地不愿向他人求助，而让你的工作业绩越来越差吧。你需要的是在充分合作的同时，赢得“独立自主”的好名声，并且打破重重障碍送达你的那一封“送给加西亚的信”。

同样，你也不要表现得过于热心。你“完成任务”的方式是非常重要的。罗文是与美国及牙买加士兵合作之后才能到达古巴，并且与无情的古巴反政府武装合作才最终得以见到加西亚将军的。在整个旅程中，他表现得像个外交官一样，通过强调双方的共同意愿，来将自己和对方的目的联系起来。你是否能以“无情的”方式来完成你的任务，将会决定你的名声是增加还是衰减。就像戴尔·卡耐基在他经典书籍《人性的弱点》中写道的：“我的声望、我的幸福和价值在很大程度上都取决于人际交往的强弱。”在逆境中依旧能够获得超出预期的杰出工作成果，这种声望和能力来自于与他人灵巧轻盈的接触，就好像你在驾船驶过那麻烦的、易错的人性之河一样，不要让你的余波伤害到其他人。

你和同级的工作伙伴之间不可避免地会产生意见分歧。一旦发生这种情况，你需要在尽可能低的层面上解决这些分歧，千万不要将问题升级为“我的老板比你的老板更强”这种模式。成功解决分歧需要你和你的同事双方共同合作完成，不要指望你们的领导者给你们当裁判，他还有一堆更重要的事去做。你需要将你的话题控制在项目目标上，不能涉及私人恩怨。你需要将对话焦点放在共同点和共同利益上（如果需要，你们可以一起就此进行头脑风暴），而不是你个人的利益上。不要对你的利益或者观点太过执着，否则你会因为面子而不愿改变自己的观点。

一旦你们双方在求同存异的理念下取得了一致的意见，并且发现问题不是你们这个职位层级能够解决的，那么你们需要做尼尔·怀特的“升级解决”方法：一旦你们已经在卡在一个问题上有了两个工作日，你们需要立刻安排一场包含双方领导者的扩大会议。怀特对此写道：“在大多数情况下，没有‘错误’的一方。从各自的角度来看他们都是正确的。”

完成任务

从“领导力透视镜”中寻找并阅读有关主动性的部分，你将会明白许多成功都来自于权力、自主以及追随者们承担责任的意愿。在罗文的成功中，最关键的部分就是他对整个任务责任的担当。如果他仅仅是个“听从命令”的员工，那么旅途中随便一个障碍就能阻止他前进的步伐。

《把信送给加亚西》对领导者们来说是一堂非常有分量的课。在故事中，罗文并没有问：“加西亚在哪里?”或者“我怎么才能找到他?”他所做的是立刻出发去完成任务，麦金莱总统也没有指导罗文如何去完成这个任务。这个故事提醒领导者们，他们必须为罗文这样的员工创造一个充分授权的工作环境。只有让罗文们摆脱微观管理的束缚，他们才能把信送给加西亚。

加入海军之前的夜晚我躺在床上，那时的我并不知道美西战争的历史，也不知道古巴的地形，更别提书中出现的“近日点”这个词是什么意思了。不过在那个夜晚，对于我这个来自美国中西部的小青年来说，一切都那么清晰：如果我想要在生活中获得成功，那么我必须成为一个拥有无穷主动性、低需求的追随者，能够持续不断地达到预期目标。

这是我在追随力的课题上最早学习到的课程之一，这确确实实地改变了我的人生。我确信，它也会改变你的人生。

总结和练习

章节重点：领导者和团队需要那些技术娴熟、高度授权、拥有强大自主性的团队成员。大部分人都大大低估了他们拥有的力量。最优秀的追随者能够持之以恒地显示他们的主动性，他们是低需求的追随者，他们能持续不断地达成预期目标。

重点应用：你必须深入挖掘你的内心，决定你是否要发展培养自己的主动意识，像罗文在《把信送给加亚西》中表现的一样，去赢得“可靠”的名声，并且成为团队中的“核心”成员。如果你决定这么做，那这将会是你进一步打造领导力的坚实基础。

个人计划：

为了学习更多关于主动性的知识，我会学习/阅读/研究__________。

为了得到更多的专业见解、指导和建议，我会与__________进行联系。

我会要求__________来监督我，帮助我保持对__________的责任。

为了获取那些我尚未完全掌握的要素/能力的相关经验，我会在__________（日期）之前去做__________。

5 专业素质是重中之重

未完之事不能为你带来声望。

——亨利·福特

对你最有信心的人，是那些最了解你的人。

——来自我祖父一张照片上的手写留言，罗威尔·鲍克

在我进入海军学院第一年的暑期训练中，我登上了新奥尔良号——一艘两栖突击舰。当军舰游弋在中国南海时，我得到了一生中最重要的启示："先树立一个杰出的榜样，然后让你的声誉保持闪亮，就好像那些黄铜饰品一样。"这是一位海军现役士兵在教导我如何养护舰桥上的铜饰品时说的话。这一绝妙的比喻给了我如何像专家一样管理自己的职业生涯的最好建议。

在我办公桌旁的墙上挂着一幅绝对难看的艺术品，然而这件糟糕的艺术品中却包含着我在职业生涯早期接受的另一条智语。这件艺术品是一个被撕坏的海军标配蓝色文件夹的封面。我用热缩膜把它封住，来保护封面上的那张黄色贴纸，贴纸上写着："要高效多产！要有创新精神！要成为专家！要彬彬有礼！"

这是当我初次加入佛罗里达州杰克逊维尔市第45空军巡逻中队时，一名叫作特里·曼托斯的队员写给我的，这是他对我的欢迎方式。身为

一名“新兵蛋子”，来到海空航空中队这种充满紧张感的地方，有点像是来到了《蝇王》中的小岛。因为我来了，特里很高兴他不再是“新兵蛋子”，而他潦草的书写是对我的一种教导，虽然他没有对我进行多少投资，我还没有做过什么能够赢得指导的事情。但是他的指导对我来说是永恒的、纯粹的，是职业管理的金玉良言。

要成绩多多

不管你靠什么谋生，你都要生产一些东西。这些东西可能是你能触摸到、吃到、看到，或者用来拯救生命的；或者是无形的、触不可及的，例如作为一名演员你带给观众的愉悦心理；或许你能创造出一种新奇体验让他人享受。在这个世界上，有成千上万种谋生的手段。不管你所处的组织属于什么商业模式，要做的事情都一样：成绩多多。

不管你的团队售卖的是货物还是服务，你们都要树立起高质量、高产量的良好声誉。不管你身处于职业生涯的哪个阶段，你都要持续不断地比他人创造更多、生产更多。你要试着“成为第一”，而不是回避。许多团队都具有激励高产者的机制，不过即使你的团队没有这种机制，你依旧要生产更多、成绩更多。当团队决策已定并且需要短期效益的时候，你的多产就会产生非常大的作用，这会让你上升为团队的核心成员。所以，你要成为一个能够帮助他人解决问题的人。

在“表现出色却无回报”的环境中，抑或是你高于他人的生产欲望和能力为你带来的却是队友的压力和负担，那么你必须使用“领导力透视镜”中的知识来评估你身处的这个环境：你是否始终保持真我，并在生活和工作中对自己负责？我在第三章中讲述的内容是正直。正直也包括对你自己真诚。在一个无法成为自己的环境中，你是很难开展工作的。你应该立即制订一个计划，让你转换到一个能够专注于生产的职位中去。同时，你还需要通过你良好的竞争精神，来激励他人，提升他们的工作质量和效率。

> “职业精神”对追随者来说，意味着让你的老板看起来更伟大。当然我不是让你去阿谀奉承或者表现谦卑。我想说的是，领导者希望追随者能够比他要求的更努力一点。如果你正在满足你的领导者的需求，那么你也是在满足你团队的需求。

你要对你的工作心存骄傲，不管是什么工作。在自传《我的美国之旅》中，科林·鲍威尔将军回忆了自己在高中时打工的故事，那时候他在当地一家饮料工厂擦地板。“有的时候工作会变得很可怕，我是指当五十箱瓶装百事可乐从货车上跌落的时候，可乐液体和泡沫会像洪水一样淹没整个地板。但是一周的薪水有65美元，所以我愿意做这份工作。我会将所有的地板都擦得闪闪发光。不管工作要求什么，我都能很快就精通。”在那个暑假结束的时候，工头告诉鲍威尔：“你的地板擦得非常棒。下个暑假也来吧，工作我给你留着。”鲍威尔回应道：“回来可以，但是我不再擦地了。”鲍威尔想要的是操作饮料瓶机的工作，虽然当时大部分操作工人都是白人。第二年暑假，鲍威尔不仅当上了饮料瓶机操作员，并且还被提升为副领班。暑假结束之后，鲍威尔的感受是：“我学习到了珍贵的一课：所有工作都是光荣的。不论何时你都要做到最好，因为总有人会看着你的。”

你是否仇视你的工作单位或者你的工作？如果这样，你反而需要更加努力，获得更优异的成绩。平庸的员工很少被提拔或者被推荐到其他的团队去。而那些能够率直地表现自己对其他职位、团队或者职业类型的兴趣，并且能够获得非凡成绩的人，不管他在哪里，总是能找到那些愿意引领他走向成功的导师和领导者们。

如果你的工作成果不仅仅是展示给你的老板，而是展示给所有人看，那么你需要提供更多的答案，而不是更多的问题。你需要给你的老板2~3个经过仔细调查考证的选项，其中有一个应该是强烈推荐的。领导者们一直寻找的是那些具有强烈的批判性思考技巧、逻辑思维能力并且能够解决问题的人。但有时，你很难去除你的个人偏好和目的。我对此的建议是专注于“数据”，然后轮流使用经验和常识在大脑中进行检查测试。在工作中进行理性的决策非常重要，所以当你讲话时，不要说“我觉得……”，因为与“我认为……”或者“我相信……”相比，“我觉得……”显得你缺乏考虑和责任心。你可以使用“我们应该……”这个表达方式来显示你的果断和决心。当你需要在你的建议中加入情感因素的话，一定要清晰地区分，哪些事情是你的理性告诉你的，哪些东西是你的情感告诉你的。这能够让你的答案清晰而有条理，也更加可信，同时又显示了你高度的职业判断力和成熟度。

你要学习用你老板的风格为他撰写文件或者汇报稿。要想做到这些，你需要阅读他以前书写的文字，观看他以前的汇报演讲，分析他的写作和说话风格，观察他论证的方式。然后你需要努力让所创作的内容听起来就是他自己的一样，这需要你拥有非凡的演讲稿撰写天赋。这不仅展示了你对细节的强大注意力，同时也显示出你的决心与承诺：通过杰出工作成果来协助领导者获得成功，进而让组织获益。

创新精神的重要性

世界从没像现在这样要求我们更富有创新精神。现代社会中，复杂事物的变化速度以及适应这种高速变化的需求，是呈指数增长的。面对高速的发展变化，为了保证未来的生存，我们和我们的工作必须拥有新的视点、新的问题解决途径。你的职业目标应该是让每个工作职位都产生更好的变化。这就需要你富有创新精神！

创新精神的组成就好像一个连续的光谱。在光谱的一头，是我称之为“持续改进”的观念模式；光谱的另一头，我则称之为“持续创新”。不同的人趋向于专注光谱的不同区域，并且终其一生都只在这个区域内努力奋斗。那些倾向于“持续改进”的人专注于产品的现有形态并努力将其打造得更加完美。那些倾向于“持续创新”的人则无视产品的现有形态，甚至可能蔑视产品的现有形态，并专注于打造产品的应有形态。如果你违反某人的自然意愿，强迫他在光谱的相反端工作，那么他将处于巨大的压力之中并且很快就变得精疲力尽。当然，我并不是说人们无法学习不同创新力的解决技巧。那些最优秀的团队，善于让处于光谱不同区域的成员们处于一个良好的平衡状态，而强迫某人做他天性不适合的工作可不是打造一支平衡团队的好方法。

你的领导者需要那些能够“见微知著”的员工。这些员工对团队来说具有不可思议的巨大价值，但是他们可不是什么神奇的预言家或占卜师。你也可以对你自己“见微知著”，你可以设想几个出现问题的场景，并且针对最可能出现的那些情况准备好解决方法。你也可以从领导者的工作重点中研究掌握那些最可能出现的问题，尤其是高你一两级的领导者。如果你正在研究一项有竞争力的产品，你可以将研究扩大到与此产品相关的两个类目中。如果你正在研究业界内的一个问题，那么你需要搜寻一下其他业界处理类似问题的方法手段。你需要知道你的竞争对手下一步会做什么，为此你可以在你的团队中创造一个“战争游戏”的氛围，召开一个“对战准备会议”，假定敌我双方情况并以此展开分析。通过创新思维你可以获得无数有价值的工作方法，你需要做的就是改善那些你想到的解决方法。

创新精神能够为你的胜利带来巨大的可能性。我曾经与一位舰队指挥官共事，他的格言是：“面对只需要用刀的战斗，我也总会带上我的猎枪。”你可能会创造出一个全面性的、多媒体的、多目标的全新营销活动。或许你能够找到一种新的方法，为你的新一代产品加入更多更适用的新功能，甚至能够让你的业绩超越公司的创始人。不管你的工作是什么，你都需要带着创新思维去工作。

成为掌握核心知识信息的专家

拥有强大的能力，这在日常工作中是无法替代的。没有什么比快速的反应和深厚的岗位基础知识更能让你早早地从同事中脱颖而出，也没有什么东西能够比缺乏专业知识和技巧更能伤害你的职业生涯和影响力了。

工作能力只能够通过学习和应用来获得。不管你的弱点是什么，你都不能让任何事阻碍你成为团队中的核心知识信息专家。如果你的工作中包括导师角色，那么你要尽快上升到能够教授他人的级别。这不仅展示你精湛的学习工作能力，还能让你尽快进入实战中。教授他人能够进一步增加你的基础知识，并为你在同事中争取领导角色创造了机会。

领导你的同事们（同伴领导）是领导力中最困难的形态，因为你没有正式的权威或权限。如果你没有压倒性的年龄或者资历优势，那么你能够依赖的就只有超人的学识和想法以及相互支持的人际关系。同伴领导能为你带来新的机遇，让你有机会领导和教授更大的团队，并进一步增强你的领导力。不过，你需要小心谨慎地处理这种工作关系，你对同伴领导的欲望应该建立在你对团队成功的真诚渴望之上。

你的专长会为你带来更多的机会，让你能够与更多高层领导者分享你的知识想法。或许这些领导者已经“锈住了”，他们需要你协助他们重新找回感觉；又或许你的工作能力之高，可以为他们带来前所未闻的创新想法。不管是哪种情况，这都是个好机会，可以让你通过非凡的追随力技巧展现你的高超领导力。但同时，你的专长也会为你来带更高级别的风险和责任。你必须严肃对待加在你身上的额外责任，因为这意味着你失败的风险变得更高了。

回到过去，我成为一名合格的航空领航员的最后测验，是要我安全精确地将我的飞机从佛罗里达的杰克逊维尔市引导到目的地，这需要我们在夜间跨越大西洋2400英里（约为3860公里），并且只能使用天文导航——也就是用星星来导航。我们的目标是亚速尔群岛，位于葡萄牙西900英里（约为1450公里）。在20世纪90年代中期，我经常一飞就是8个小时，只为了寻找某个小岛，而我使用的则是15世纪哥伦布使用的那些技术！之所以进行这次测试，是因为海军经常要在一望无际的茫茫大海之中，将11名海员的性命托付给我。这是在全球定位系统（GPS）普及之前的事情，没有人希望因为基础导航工具失灵而迷失方向、耗尽燃油，最后迫降于大海之上。我的成功，不仅仅是找到了亚速尔群岛，我还因为优异的表现赢取了自己的声望，并且获得了成为导航员训练官的机会。在GPS被引入使用之后，我立刻调整了自己的技巧，并且在下一次的测试评估中获得了全中队历史最高的武器配置精度成绩记录。

你身为专家的追随力声望，会将你带入一条通往目标的漫长道路。如果在这条路上你采取了不明智的举动，那么结果会让你很受伤。在海军学院中，你作为追随者最先学到的东西就是“五大基本回应”。你对长官问题的回答必须严格遵守“五大基本回应”。这五大回应是：

1）“是的，长官！”

2）“不是，长官！”

3）“遵命，长官！”（如果命令已经下达并且被理解）

4）正确的答案（提出的是知识类型问题并且你知道答案）

5）“我会找到答案的，长官！”

听起来死板又苛刻，是不是这样？但是这些回应里所包含的内容对于追随者来说却是无价的宝贵课程：

- 你必须在“是”或者“否”当中果断选择，没有人喜欢“可能”。
- 简洁精确地传达你的答案内容。
- 表达你对任务责任的承担：“我已经理解，愿意并且有能力完成这个任务。”
- 永远不要试图使用“独特的方式”去回答问题。相反地，你应该尽快地回答出正确答案，或者告诉对方你会很快找到正确答案。在这里，回答问题的方式，就是对正直的不断测试。

我的父亲总是没完没了地磨刀，家里的各种刀具乃至水果刀都锋利异常。当他磨刀的时候，他总是会说："没有什么比一把钝刀子更没用的了。你无法指望一把钝刀。它不仅会在你需要的时候派不上用场，而且与正常的切割相比，它的撕扯会造成更多的伤害。"他只是在磨刀，但同时他也使用了这个比喻千百次地提醒我，告诉我必须永远保持我的职业"刀具"（我的学识和我的技巧）足够锋利，并且时刻准备好面对身为一个专家的最顶级挑战。

要彬彬有礼

不礼貌有许多种方式。我认为在工作场所中"缺乏职业精神"就是最大的不礼貌。我们可以进行激烈的竞争，可以坚持自己的不同意见，可以紧紧抓住我们的看法和项目不放，但是与此同时，我们依旧需要保持小学三年级就应有的礼貌行为。

"职业不成熟"，这是项目管理专家尼尔·怀特对于工作场所的非适应性行为的归因。这些行为"会引起混乱、破坏，对组织利益的零贡献。职业不成熟经常会表现为缺乏的个人主动性，缺乏责任感，过于以自我为中心以及缺乏对自己行为造成影响的客观认知"。对此他写道，职业不成熟还包含了诸如一定要被要求才会加班完成任务，期望由他人而不是自己来启动那些会影响到他们工作成绩的必要改变，带来问题却没有任何解决方案，无法履行承诺，无法主动解决问题，表现得尖酸刻薄或者愤世嫉俗。

经常性表现出这种行为的人，他们没有意识到自己不仅仅缺乏必须建立在工作中的友谊和导师关系，同时他们的行为所带来的坏名声，会先于他们个人传播到整个项目组的各个团队之中。职业不成熟，会给你的职业生涯带来巨大的伤害。

不管你身处职业生涯的哪一阶段，对于你的追随者角色来说，你的声望影响都要在你本人之上。身处“超链接”的网络时代，任何人都可以使用谷歌轻松地获得关于你的各种信息：你的工作成绩、个人履历、喜好、联系人，等等。正因为如此，你在职业生涯中和个人生活中都必须始终如一地表现出高度的职业精神。当你在发送电子邮件或者在脸书上发文之前，你可以问一下自己这个不寻常的问题：“如果这篇文章登上了《华尔街日报》的首页，并且配以我的脸部高清照片，我会是什么感觉?”如果答案是：“这将会提升我的职业和个人声望。”那么请务必点击“发送”。

傲慢是另一种可能出现的不礼貌行为。在很多人的职业生涯早期，傲慢经常被视为“过分自信”。往好了说，这是某些人缺乏对自己能力范围的自我认知；往坏了说，如果这种行为不能很快地矫正，那么狂妄自大会随之而来，并且遮蔽住你的双眼，让你无法看到你对自己所造成的伤害，甚至会让你产生“你在铺就自己的成功之路”这种错觉。

当我作为训练官回到海军学院时，当时的负责人是海军中将查尔斯·罗尔森。这是罗尔森中将第二次作为“监督者”回来挽救学院的声望：这次的危机源于一起大型的作弊丑闻。罗尔森中将首先发现，在海军学院中普遍存在一种傲慢的思想：他们认为他们有权利“走捷径”，他们因为国家而过着一种斯巴达式的清苦生活。罗尔森中将了解这种思想的可怕性，他知道这种自我合理化的傲慢在任何组织中都会带来巨大的损伤，他也知道受美利坚合众国“特殊的信任和信心”委托的任何一家组织都无法容忍这种思想。这种傲慢的想法会无可避免地变成狂妄自大。如果一名军官容忍这种傲慢的思想和行为，那么这将会对士气、纪律和命令的执行产生巨大的负面影响。这样不仅会使这名军官在责任感以及声望上造成无法挽回的巨大损失，还会使他的领导力失效，甚至大大削弱下属部队执行任务的能力。

为了消除这种傲慢的行为，罗尔森中将开展了“去除傲慢，表现卓越”的行动。行动效果立竿见影，在之后的几年中，海军见习军官团队的精神风貌发生了巨大的改变。任何组织都免不了有几匹害群之马，但是在海军学院，没有任何人再拿“优等生的应得特权”作为傲慢行为的借口。谦逊并不是一种行为/行动方式，它是存在的一种状态，反映了你对他人的真实态度以及你与他人之间的关系。领导力并不高贵，因为这是他人所赋予的一种特权，一种我们应该为之心存感激的特权。

我最喜欢的一个领导力案例，来自美国早期的一位总统。

约翰·昆西·亚当斯是美国开国元勋及第二任总统约翰·亚当斯的长子。约翰·昆西在年轻时游历欧洲，但当他回到美国进入哈佛大学时，他的父母并没有露面，因为那时他的父亲是美国驻英国宫廷大使，身处伦敦。

不久之后，约翰·昆西的母亲艾比盖尔收到了诸多来自哈佛大学的信件，告知她约翰·昆西有些过于自恋，经常自吹自擂，而这些行为无疑地玷污了他的家族声誉。于是，艾比盖尔给她的儿子写了一封信：

如果你还神志清醒，那么你应该意识到，与你的同学相比，你在某些学科上拥有更多的优势，那是因为你拥有更好的机会去观察更广阔的世界，去学习人类的所掌握的各种知识，而这是你的竞争者们所没有的。即使你从未想过看书，但知识却都已提供给你，你所有的时间都花在那些学习文学和科学的伙伴身上。你明明拥有了这么多，却表现得像个傻瓜，这是不可原谅的！

“傻瓜”永远都是不专业的。所以，你要确保你真正信任的那些人能够帮助你保持正确的自我认知。

最后，一个有礼貌的追随者和领导者的行为不同之处在于对冲突的管理。那些最优秀的领导人，在他们还是追随者的时候就已经开始培养发展自己的冲突管理技巧。这些技巧一旦形成并且能被你熟练使用，那么它将助你在工作伙伴之中脱颖而出。不管情况如何——冲突起、冲突落或者暂时搁置——如果你能在冲突中寻找到客观性，并且将冲突视为观察他人最佳表现的机会，那么你会变得更加高效。

在这里我要说清楚的是，什么是“冲突”。我所指的“冲突”并不是因为自大、不良情绪或者不良动机引起的公开争论。健康的“冲突”是指那些未过滤的辩论，外加百分之百的直率和尊重。优秀的团队认为每个人的观点都是有价值的，每个人的声音都应该被聆听关注。这种拥有良好氛围的团队，才能够产生出更多更好的想法。健康的“团队冲突”要求整个团队（而不仅仅是领导者）都能够担起责任互相监督言行，将讨论严格限制在“健康”的范围内，制止它发展到“破坏性”的程度。与充满人身攻击和“让我告诉你这里谁最聪明”这种类似言行的团队相比，那些能够进行自我监督和自我修正的团队总是能够获得更多的成功。不管是在健康的团队冲突中，还是在一对一的关系中，如果你能够成为冲突管理者，那么你将会比你的同事们获得更多的成功。

你需要在所有与工作相关的事务上都显示出高度的专业性。飞行中队的伙伴特里的欢迎辞是我收到过的最好的职业建议，同时还十分容易记住：要高效多产，要有创新精神，要成为专家，要彬彬有礼。通过“领导力透视镜”来审视你的职业素养，你将能够让你自己和下属在工作中表现得更专业。你因此获得的声望，将使你可以更快地达成目标，并且可以去影响更多的人。

总结和练习

章节重点：要高效多产，要有创新精神，要成为专家，要彬彬有礼。

重点应用：你必须要比你的同事更加努力地工作，来赢得高专业性的声望。你要成为一名专业性远超过工作时间和工作领域的专家，你要“见微知著”，为未来的挑战做好准备，你要能够高效沟通，并且“业绩卓越却从不傲慢”。

个人计划：

为了学到更多的职业专业性知识，我要学习/阅读/研究__________。

为了得到更多的专业见解、指导和建议，我会与__________进行联系。

我会要求__________来监督我，帮助我保持对__________的责任。

为了获取那些我尚未完全掌握的要素/能力的相关经验，我会在__________（日期）之前去做__________。

第二章

成为领导的准备工作

THE LENS OF LEADERSHIP

生活艰难，带上防具。

—— 丹尼斯·米勒

1
全面了解员工，赢得他们的信心和信任

将军的奖励不是更大的帐篷，而是指挥权。“指挥权”，或许对银行家或者律师来说这很蠢，但对海军学员来说，这可是值得为之牺牲生命的目标。

——詹姆斯·韦伯，《荣誉感》

当你得到第一次晋升，从一名个体贡献者成为了一名领导者，那么重点就不再是“你”，而是“他们”了。

——杰克·韦尔奇

恭喜恭喜！你刚刚达成了职业生涯中最大的一次转变：从一名追随者或实干家转变成为了一名领导者，一名通过他人获得更多工作成果的领导者。这种感觉很棒，不是吗？享受这种感觉吧……不过时间不要太久，因为还有工作等着你去完成，别忘了你可是要为工作结果负全责的。现在，你需要负责的不仅仅是测量、管理、改进等案头工作，还有你下属的职业生涯和生活。他们要依靠你的智慧、引导和判断来工作、前行。这或许听起来有点刺激又有点谦卑。嗯，起码应该这样。

欢迎加入领导大家庭！

为什么要领导他人

领导他人是一项有价值的事业。当我辞去海军军官的职务时，我开始考虑我的价值观与自我认同：我要如何重新获得作为一名军队领导者感受到的崇高与价值呢？当一名海军军官有许多让人心感惬意的事情，例如穿上军装、对着军旗行礼以及海军伙伴们。今后，作为一名平民，我要如何在商界重新寻找到这些感觉？

多年之后，我找到了答案：所有的领导都是高贵的。领导他人、做好工作、在物质和精神上提高他人的福利，这些都是高贵、值得骄傲和尊敬的。

有时，高贵的领导角色会为你带来一些额外收益，但是通常来讲，追随领导力而来的是更多的责任。这些责任要求你付出更多，甚至要多于你获得的物质回报，而最好的领导者，是那些权衡得失之后依旧选择领导这条道路的人。

重点不是地位或者权力

这一章开篇引用了《荣誉感》一书中的文字来说明领导力的不朽精神，那些最杰出的领导者们就是带着这种精神去履行义务的。引言中包含的，实际上是对承担责任的欲望与自信，而这份责任就是“通过合作，出色地完成任务”。相反地，你要小心那些一心只想得到“更大的帐篷”的领导者。确实，“更大的帐篷”更加诱人，而这些领导者的动机也会变得十分自私。

在海军学院一年级结束的那个夏天，我有幸加入了一个海军陆战队远征队的联合军事演习，地处泰国的热带丛林之中。这是我第一次接触真正的海军陆战队，也是我第一次参加“真正的”演习。这次演习十分有趣，因为我是名海军学员，而我的习惯性行为是真正的海军陆战队队员们不会去做的。到达演习地点后，一名上校欢迎了我们这群海军学员并且把我们领到了司令部营地。在战场上，一名上校就好像是神一样的存在，但是这次只是一次非正式的轻松集会：一名高级军官花费了几分钟时间，在我们这群未来海军军官面前讲了一些起表率作用的话，然后就可以自由活动了。

在解散之前，这名军官询问我们是否还有问题。一名海军学员问道："上校，你的制服上没有佩戴军衔，那么其他人怎么知道你是谁，又该如何对待你呢?"

对于那些身处严格军纪和理想环境下的一年级海军学员来说，这是个好问题。但上校毫不犹豫地回应道："孩子，如果有人跟我谈了两分钟话却还不知道我就是上校，那这说明我需要回学校重新学习了。"自那之后，这堂课就牢牢地记在了我的心间：你不应该依靠形式上的权威来解决问题，你对团队的影响力与你肩膀上的军衔高低无关。

这种精神需要谦逊与经常性的自我反省。它要求领导者主动寻找那些傲慢、冷淡或者同他人脱离接触的信息反馈。这种追求透彻自我意识的行为，需要高度的情绪智力商数，也就是我们平常所说的"情商"。"情商"这个概念是由丹尼尔·戈尔曼在上世纪90年代中期普及开来的，但是我见过的对情商最好的描述来自国际情商专家和训练师——阿黛勒·林恩。阿黛勒认为，那些高情商的人能够"定期、有效地管理他们自己以及他们的人际关系，并因此拥有自己的意义和价值"。

成为一名领导者意味着改变，意味着你要疏远你原有的工作伙伴。那些人不久前还是和你一同欢笑的好朋友，但现在你要为他们的业绩表现、职业发展、工资和福利负责。

你身处一个资源有限且抉择艰难的世界之中，这真是高处不胜寒。

照顾好自己的员工

或许你认为“照顾好自己的员工”这种大原则是人人知道而无须多言的，但是如果缺乏具体的行动细节，那这不过是老生常谈的陈词滥调。一个人如何才能“照顾好”他的员工呢？第一，你需要全面地了解你的员工，史蒂芬·柯维称之为“整个人”。

为了履行职责，你的下属会带着他们的身体和大脑来工作，领导者只是“租用”它们而已。只要每月一次的薪水按时打入到他们的银行账户中，他们就会继续拖拽着自己的身体来到办公室，但是，每个人都是有情感有梦想的。如果你能够发现他们关心和希望的是什么，那么你就能够释放出他们身体和大脑中的额外动力。这种动力你无法买到，它们只能被自愿贡献出来，这是由自由意志决定的。想要了解他们的“整个人”，你需要让他们更加投入地工作，释放他们的创造力，提高他们的士气，以获得更优秀的业绩。

在他们（你的下属）的职业决策中，他们的家庭扮演了什么角色？如果他们有孩子，他们都喜欢和孩子做什么活动？他们去教堂吗？他们的假期会怎么度过？他们如何看待整个世界？除了制作电子表格和幻灯片，他们还有什么“天赋”？在当今这个冷漠的世界中，“工作”和“私人”之间有一条清晰却无法言说的界限。许多领导者都犹豫不决，不敢去问上述这些问题，生怕被他人厌烦，怕自己跨过了那道不该逾越的界限。

这一切都毫无道理！最优秀的领导者会透彻且全面地了解他们的下属，并且根据这种了解去修正他们的领导方法，让他们的下属能够更加投入地工作，获得更有意义的职位经验。在这一过程中，最需要的就是信任和承诺：这可不是一次共进午餐就能得到的。这种了解需要不是孤立或者偶然的承诺，而是持续不断的承诺。同时，它还需要额外的训练和时间，最优秀的领导者视其为一种投资，因为它带来的收益会远远超过花费时间的机会成本。

为员工提供锻炼的机会和平台

员工们需要锻炼的机会，来试验他们学习到的新技巧，例如决策制定、公共演讲、向上汇报、资源谈判，等等。但是如果他们只是偶尔一两次在大型公开场合或者公司高层做这些的活动，那么他们就没有练习这些技巧的动力。作为一名领导者，你必须向你的手下们委派相应的任务，并且制造相应的环境，让他们能够在安全、低风险的情况下进行练习。这就需要你为你的团队提供展示的平台。

创建一个专业又安全的环境，让你的团队成员能够对他们的新方法、风格和技巧进行实验。即使实验失败了，也没几个人知道这件事，这样他的声誉也不会受损。但是，你要清楚地告诉你的团队成员，哪些任务是可以当成“实验”的，哪些任务则是“真实”的，这样才能避免误解和尴尬的情况出现。如果你能够给你的团队成员一个这样的环境平台，他们会比其他的工作伙伴更快更多地学习到新的技巧，而你也能获得“天才培养师”的声望。

领导千禧世代

在社交媒体崛起之前，我是一名品牌经理。那时，口碑营销电台节目的广告业先驱艾伦·万森已经预见到未来，他告诉我：“广告，就好像是走进一个挤满人群的房间然后高声呐喊：‘我知道你们最喜欢的歌曲是什么，我现在就唱给你们听！’而现在，顾客想要的是被询问：‘你最喜欢的歌曲是什么？你愿意为我演唱这首歌吗？现在，我能够告诉你我最喜欢歌曲是什么吗？’”

这种巧妙的联系感，正是领导千禧世代所需要的。他们想要参与到那些影响他们日常工作的重大决策中去，这正是自我决策的精髓。他们想要发声、想要给出自己的意见；想要获得对自己努力的称赞；想以一名真正的事业信仰者身份来获得成功，想对公司组织的崇高目标做出直接贡献。

虽然并不是每名团队成员都需要或者渴望这些东西，但是为了满足那些想获得的人，你需要了解他们“整个人”。最好的做法是对他们一视同仁，了解每个人，并且将他们联合成一个整体，这样他们会自愿贡献出自己的精力，更多地投入到工作之中。

成为一名领导者，就是加入一个具有无限能力的团队，与他人一起为他人服务。只有少数特定行为能让你脱颖而出，使你成为一名优秀乃至杰出的领导者。这些行为很简单，但是“简单”并不代表“容易”。他们需要你发展出自己的行为习惯模式，这种模式和你原来身为独立贡献者的模式大不相同。通过“领导力透视镜”来审视你的角色，你将会发展出作为一名服务式领导者所必需的精神，你要负责的不仅仅是工作业绩，还有你的员工的技巧与职业发展。

这些是非常严肃的责任，但当你的团队成员“达到自己的职业生涯里程碑”时，没有什么比得上那时的快乐和幸福感。高贵是存在于领导和领导者身上的，你要成为一名高贵的领导者。

总结和练习

章节重点：被晋升为领导者，这是高贵的、刺激的、令人心满意足的。最优秀的领导者们知道，为了赢取这份高贵，你有义务通过为员工提供最大利益，来获得更好的工作业绩。为了做到这点，你必须全面了解你的团队成员，了解他们“整个人”。你必须查明他们关心和希望的是什么。想要做到这些，你需要先赢得他们的信任和信心。

重点应用：现在，你已经正式成为了一名领导者。如果你想被他人尊敬，你必须与你所有的团队成员建立全面关系，而不仅仅是与你的直接下属建立关系。你的行动必须持续一致地显示你有一颗为团队服务的心。这一理念将会是你领导力兵工厂中最最强有力的武器。

个人计划：

为了学到更多的关于新手领导者的技巧知识，我要学习/阅读/研究__________。

为了得到更多的专业见解、指导和建议，我会与__________进行联系。

我会要求__________来监督我，帮助我保持对__________的责任。

为了获取那些我尚未完全掌握的要素/能力的相关经验，我会在__________（日期）之前去做__________。

2 向优秀的领导者学习，提高自己的声望

领导者喜欢混乱。在选择领导者的时候，我们必须坚持寻找那些面对疯狂、混乱的情况也能享受其中的人。

——汤姆·彼得斯

成为一名真正的世界级领导者，意味着你要有能力训练那些世界级的员工，让他们变得更优秀更强大。

——拉尔夫·C. 斯德尔，约翰逊·维尔香肠公司 CEO

在采访杰出的领导者时，最有趣的部分是询问他们什么时候第一次意识到自己是“领导者”。许多人会告诉你，在青春期时，他们就发现自己经常被推举到各种领导者角色上。在这里，我们假设他们具有天生的领导者倾向。我自己就是其中之一：在高中之前，我就经常担当“领导者”的角色，有时是我自愿的，有时是同伴推举或者老师委派的。当时我没有考虑那么多，我只是单纯地为能够站在队伍头排和“领导”而感到开心，管它意味着什么呢。当然，“领导”为我带来的收益十分明显：关注度（这里表现为十分受欢迎）、影响力、掌握决策权的机会，获得更多领导力的经验，并能从中学习如何才能领导得更好。这是我还年轻时就得到的体验。

带着早早获得的领导力经验和心态，终于有一天我找到了自己，那已是多年之后，我身为海军军官之时。当时有些人报名参加了名为《伟大人物》的领导力理论课程，课程中是这么说的：那些最杰出的领导者都是“与生俱来”的。什么东西与生俱来？有人管这种东西叫作“个人魅力”。其他人则将其解释为“一些人所具有的召集或者激励他人按照自己的想法进行行动的能力”。那些具备“这种东西”的人是上帝的宠儿；那些不具备“这种东西”的人要被他人指挥命令，永远生活在他人的阴影之下。

这种想法是傲慢的、狭隘的、极其不正确的。非凡的领导力会带来非凡的业绩。非凡的业绩则是日常行为的产品，绝不是什么卓越的个人魅力所带来的。这种行为是可以被研究和理解的，甚至可以被任何人实践并转化为自身的一部分，只要这个人愿意扩展自己的人生寻找真正的自己。

当时，我在海军学院中担任领导力教官。在我准备“领导者的内向性格和外向性格”这一授课单元时，我第一次察觉到，我已经被《伟大人物》的理论所影响了。军方和民间的调查研究均表明，性格外向的人更趋向于在职业生涯早期通过个人魅力获得权力和影响力；但是从整体来看，绝大部分成功的高级领导者（CEO 们、上将们、将军们）却都倾向于性格温和的内向者。

我的观点是，如果领导人是低情商、低自我认知，缺乏直接回馈途径的（通过朋友、家庭以及能够提供回馈的同事，或者通过高度自我监督），那么个人魅力和外向性格反而会对领导力及职业生涯有害。一位领导者很可能因为情绪反应中带有太多的“个性”和“魅力”，却没有足够的深度和职业成熟性，而一头撞上“职场天花板”导致职业生涯止步不前。

内向的领导者则倾向于相反的道路。当然，他们必须在职业早期就具备了优异的职业能力。然后他们不得不停留下来，直到他们在自己领域内的专长和优秀业绩累积得足够多，多到能够引起他人的注目。他们的职业模式是"破茧而出"型：他们冷静的判断，稳定可靠的表现会带领他们成功地度过一个又一个的艰难时刻。这种优异的表现，会使他们从那些过度情绪化、脾气火爆的外向性格型工作伙伴中脱颖而出。在《从优秀到卓越》一书中，吉姆·柯林斯按照领导力的结果将领导者划为几个级别。其中"第五级"的领导者能够通过"无私的谦逊、执着的精神以及顽强的实用主义"，领导他们的公司"从优秀到卓越"，不管他们是外向型性格还是内向型性格。

这些信息对你来说意味着什么呢？不管你是担心自己的"个人魅力"会引火烧身的外向型性格，还是担心自己是"怀才不遇"的内向型性格，这都是个好消息！那些最优秀的领导者们（不管他们的个性是什么），在职业生涯中培养发展出了一系列具体明确的行为，这些行为帮助他们扩大了影响力，中和了他们天生个性中不好的部分，并且使他们保持高度的自我认知，让他们能够清楚地认识到他们的决策对他人产生的影响。你可以学习这些行为并锻炼自己，以确定你能在领导力生涯中一直保持高效。

领导力的最佳实践研究

我在约翰逊·维尔香肠公司的前同事蒂姆·阿伦斯，和我一起学习研究了关于领导力的最优秀的行为科学文献，并开展了我们自己的内部调查，目标是看我们是否能够辨别出约翰逊·维尔香肠公司内最好的领导者们，并对他们进行测试。我们很好奇，在一家中型私人控股的公司中出现的领导力行为，是否和大部分流行文献中的研究相同呢？

最开始，我们要做的是分辨约翰逊·维尔公司内三个不同层级的领导者们，使用的是定量分析和有效性定性分析。我们记录了一些典型的公司绩效指标，并通过佛瑞德·赖克霍德的"你是否愿意将其推荐给你的朋友或同事"的方法来查明每名领导者的净推荐值。我们同样测试了每名领导者的沟通吸引能力，用我们在 VitalSmarts 公司的同事兼榜样们的话来说，就是“关键对话”的能力。卓越领导力中我们最后一个测试的要素是人才管理。谁是那些培养未来领导者的领导者呢?

在测试约翰逊·维尔公司的领导者时，我们同时也查明了谁是公司内最有力的“影响者”：谁是其他团队成员苦苦寻找的核心人物呢（不管他们的正式权力和专业技能如何)?

一旦我们找到了某人符合上述三个指标的正态分布，我们就会对其开始一轮采访，目的是测试其身上与这三项指标有关的习惯与行为，并且寻找到特定行为与“更好的量化指数、更好的定性表现结果”之间清晰的联系。

在调查研究中，我们发现了让所有领导者走向成功的诀窍。

我们找到了什么

与其他领导者相比，最优秀的领导者们都有一个更大、更宽的“领导力工具箱”，同时他们还持续不断地通过学习来掌握添加新工具。他们不仅仅有更多的工具可以选择，而且他们对每种工具都有丰富的经验，知道哪个是最适合当前情况的“正确工具”。最佳领导者的工具箱都由四大部分组成：权利和影响力、人脉、日常行为以及一致性。

权利和影响力

我们走访了这些领导者们的下属，收集并检查了750个下属对自己领导者的定性描述。收集这些定性描述时我们使用了五种不同的评估工具：创新领导力中心的权利和影响力经典模型，光辉国际的Lominger竞争力模型（由迈克尔·隆巴多和罗伯特·伊钦格创建），基于简单主题词的提示（例如，“人的技巧”“人际关系/信任”“经验”“资源获取”“功能性工作技巧”）以及VitalSmarts公司的六源影响力模型。我们的研究团队收集了750个描述并且按照它们各自所属的模型分类。

在所有五个模型检验中，我们发现，最优秀的领导者和其他人的区别在于，他们的管理技巧手段更多更广泛，同时他们也能够挑选最适合的管理手段使用。我们并没有找到任何可以“一招吃遍天下”的技巧；我们找到的是，那些最优秀的领导者能够根据不同情况使用他们的技巧、奖惩和判断力。下面我就用创新领导力模型来说明一下：

当客观情况需要员工顺从时，最优秀的领导者会恰当地使用以下几个技巧：

- 让经验丰富的专家身份去使用他们的权力
- 使用基于员工的人际关系且员工接受的管理方式
- 使用自身能力进行奖励管理（给予或拒绝）
- 使用（虽然很罕见）自身领导角色给予他们的法定权力进行管理

当权力无法作为有效手段时，那些最优秀的领导者则会使用多样化的战术来影响他们的团队，下面是他们使用的一部分战术：

- 理性地说服那些分析型的团队成员
- 与那些更具合作性的团队成员进行商讨，甚至讨好他们
- 使用联盟策略
- 与交易型团队成员达成利益交换关系
- 视情况（对合适的人）进行鼓励及个人呼吁

在基于竞争力模型、主题词模型以及六源模型中，我们得到了同样的结果：在权力和领导力方面，最杰出的领导者们的行为是广泛多样的。中等级的领导者们倾向于只使用两到三种技巧手段，而最低级的领导者们则倾向于只使用一种技巧手段，而且通常是这下列两种之一：强硬的或者圆滑的。

人脉

相对于其他领导者，不论是在规模上还是在范围上，最优秀的领导者都拥有更强大的工作和个人人脉。他们开始构建自己个人人脉的时间

往往要回溯到大学甚至高中时期。他们到现在依旧可以找到能够帮助他们解决公司问题的旧识：姐妹会的成员、田径队的运动员，或者在课外活动中交到的朋友。不仅仅是遇到问题，当他们意识到彼此的关系可以带来互惠互利的时候，他们也会主动通过人脉联系他人。同时，他们也很乐意花费时间在人脉上，聆听他人的诉求；或者花一点时间与那些能够帮助他们解决问题的人搞好关系。

最优秀的领导者对花费在人脉上的时间毫不吝惜，因为他们把这视为“职业社交投资”——一项对未来进行的投资。他们早早就发现，足够数量的人脉会在未来为他们带来不小的帮助，这就等于是对他们时间投资的稳定回报。这是最优秀的领导者们必备的优良习惯，远在脸书、领英这些社交网站出现之前就已如此。明智的领导者都会在他们的影响领域内，拿出少量的时间去和他人培养关系。

在我们的研究中，最高等级的领导者通常是某个工业或者商业协会的成员。这些领导者经常会为这些组织帮忙出力，例如为协会的杂志或者博客写文章、为董事会服务，或者帮助协调协会的重大活动。其中，不少人还加入了自己业界外的协会，一些人则加入了“不寻常的”团体（智库和其他思想传播团体、创造性思维团体、未来派团体、剧团，等等）用来活跃平时在工作中无法刺激到的那部分大脑。

日常行为

最优秀的领导者拥有一系列不同于常人的日常行为习惯，正是这些行为让他们脱颖而出。这些行为不仅仅是“更专注的聆听”或者“设定更加清晰的目标”这么简单，那些最优秀的领导者会在每个充满高责任高预期的工作中，把这些行为习惯放在他们每一名员工身上，以此来区分他们。

当中等水平的领导者们还在暗示员工们有些事情做得不太对的时候，那些最优秀的领导者早就找到了一条将绝对的坦诚和真挚的尊重结合起来的方法，用来应对那些棘手的话题或者容易产生不良情绪的分歧。VitalSmarts 公司的《关键对话》中所讲述的内容，就是我所知道的培养这些技巧的最好方法。

在我们的调查中，最优秀的领导者被称赞最多的就是他们专注的倾听技巧。他们会从日常事务中抽身出来，给予被倾听者足够长的时间，让被倾听者感觉自己的话是真正被听取的，自己是被重视的有价值的。同样，最优秀的领导者们也会询问一些发人深思的问题，这些也表明了他们是真的在倾听对方的谈话内容。老话说得好："我有两只耳朵却只有一张嘴，所以我听到的内容应该是说的两倍。"这就是成功领导者的主要工作。

最优秀的领导者在与下属沟通时，会设定极其清晰的目标预期，同时，配以精确到个人的任务分配、具体的交付事项，以及具体的任务时间表。同时，他们还会和下属进行沟通，告诉下属们他们将以何种方式、多大的频率对团队成员的项目进行关注和跟进。这一点非常重要：领导者和追随者要就下一步的目标预期达成共识，并且确保其中没有任何误解。一旦达成共识，例如，"在项目的最后一周，每个工作日结束之前，领导者和追随者都要通过电子邮件交流关于项目的最新进展"，那么双方就可以按照对方的目标预期展开工作，并且针对对方所需提供协助。

当领导者被发现出错且情况属实时，最高效的领导者会很快地说出"对不起"或者"我犯了错误"。这样的道歉信息不仅仅表现了谦逊、正直以及尊重，同时它还在创造了一种安全的氛围，鼓励所有的团队成员都这样去做。不过令我惊讶的是，还有不少领导者不情愿承认自己的错误。他们认为一旦自己道歉，就会损失一部分的权威。根据多年的经验显示，如果领导者能够在他的团队面前承认他们的缺点或者错误，他们将获得团队的尊敬和整体承诺的提升！当然，最高效的领导者们不必经常去说"我错了"。因为，错误对他们来说是一个早期的警告信号，提醒他们应该提高自己的专业技巧和判断力。

最好的领导者们是组织文化中可见的典范，是价值的体现。他们经常通过对话激发员工的思考：对于组织文化来说什么行为是可以接受的而什么行为是不能的。他们会利用在公司任何位置出现的违反组织价值观的行为，发起一场“发生了什么事情、为什么这种事情是无法容忍的”的团队对话。他们会支持那些在艰难处境之下依旧坚持组织价值观的“英雄们”。他们每天会通过自己的言行展示公司组织文化，并且会像导师一样，在组织价值观的问题上指导员工。

那些优中之优的顶尖领导者们，能够在自己团队内部所有层级都进行充分授权。他们会经常性地谈论起授权以及为什么授权如此重要。他们会在移交责任的同时，非常明确地将相应权限也一并移交出去。非凡的领导者们会鼓励那些不情愿的团队成员们，劝导他们使用获得的权限去工作。他们会为团队创造一个安全的氛围，鼓励团队成员们询问关于目标预期以及授权界限的问题。这之中最重要的或许是，当团队成员们面临来自他人（包括上级领导）关于他们的权限等级或者决策制定能力的质疑时，那些最优秀的领导者会站出来给予他们公开的支持。你的授权能力，将会直接影响你的被授权下属使用权限的程度。

我们名单中名列前茅的那些领导者们，不会对他们团队成员提出的问题有问必答。他们会向那些意见寻求者提出更高层次的带有引导作用的问题，让其自己去寻找答案。从短期来看，直接告诉下属答案无疑会更快更方便，但是这会造成一种过分依赖领导者的局面。不少领导者很喜欢这种“被依赖感”，但是最好还是不要这样。最优秀的领导者们知道，那些具备高度好奇心和批判性思考技巧的独立团队成员，将会带领团队不断前进，并且在同样情况下创造出下一代的领导者们，这样他们就能腾出手培养其他团队成员这些独立技巧了。

最后，那些脱颖而出的领导者们对自己都十分严厉。自我否定与谦逊似乎已经写进了他们的基因中。他们能够迅速地信任并授权给他人，但是自己却一直承受责备，哪怕这种责备不是他们应得的，因为他们要保护整个团队。责备过去之后，在紧闭的办公室大门之后，他们会进行关于责任归属的谈话，以求寻找失败的成因。那些最优秀的领导者们会以最严格的标准要求自己，在公开情况下，他们对自己的严格要求要远远高于他们对团队成员的要求。

一致性

在我们的调查之中，我们发现了一些不一样的东西。在采访中我们多次听到，那些拥有最高量化分数的领导者们，在缺少正式权限的情况下依然能够脱颖而出，通过展示他们与众不同的精神理念和态度对他人产生的巨大影响。这里面的关键就隐藏在“可靠性”“真诚”与“关心”之中。追随者经常使用“真正的”领导者来描述他们。

通过更深入的调查，我们发现那些最优秀的领导者（那些能够获得最优异的工作成果并且在整个组织内部受尊重程度最高的人）在不牺牲自己的职业诚信的前提下，对团队进行了大量的情感投资。他们认识到，要想从他们的下属那里获得最好的工作成果，他们必须了解他们，必须与他们的“整个人”进行交流。这些领导者们认识到，员工们关注的不仅仅是工作内的事情，他们也有自己的目标，虽然这些目标有时与他们的手头工作毫无关系：他们可能会关注环境保护；他们从事现在的工作，可能是为了积攒学习深造的资金，目标是改变现有职业类型甚至是换家公司。最优秀的领导者们会与他们的团队成员谈论这些事情并给予鼓励，他们还会想办法了解关于这些事情的更多细节，哪怕从个人角度来讲他们对此丝毫不感兴趣。通过交流、关心团队成员的私人关注点与目标，这些领导者成功地提升了这些团队成员的工作专注力，让他们释放了更多的个人意志为领导者和团队努力奋斗。

一位员工将这种行为称之为“交流中的自由感”。最优秀的领导者毫不吝惜在自己的下属身上花费时间。就好像他们拥有的广阔职业人脉一样（并且对人脉投资大量的时间），最优秀的领导者同样会经常性地与团队成员就诸多话题进行沟通交流，私人话题和工作话题都包括其中。

这种情感投资没有任何负面影响。这种关心下属的精神能够持续不断地增强团队成员的责任感。这不仅能让领导者们提升团队成员的身心投入度，还能让领导者们成为某种程度上的道德权威，让他们在手下失控或者没有按预期完成目标时更具有说服力。拥有这种行为的领导者能够设身处地，但是绝不会同情心泛滥到无法维持职业目标或者无法对员工一视同仁。

伟大的领导力就是实干

世界上最优秀的领导者都不是与生俱来的，他们不是因为天生的个性而成为的优秀领导者。不管是性格内向者还是性格外向者，当他们领悟到他们的任务就是通过他人的努力来获得杰出的工作成果时，这就是他们成为真正领导者的时刻。最杰出的领导者知道互相依赖是成熟的最高形式，同时他们也知道能够带来杰出工作成果的是那些可以学习实践的管理手段和行为，而不是什么性格个性。使用“领导力透视镜”的技巧去观察那些领导者的行为，所有的领导者都可以通过学习这些行为来提高他们的声望和业绩。

总结和练习

章节重点：领导者既是天生的也是后天造就的。不管你身处何种职位，你都要在你的个性、职业技巧和领导力行为中找到平衡。

重点应用：确认你知道如何使用以下工具：权利、影响力、人脉、日常行为和一致性。

个人计划：

杰出领导者们的行为是可以学习、重复的，为了做到这些，我要学习/阅读/研究__________。

为了得到更多的专业见解、指导和建议，我会与__________进行联系。

我会要求__________来监督我，帮助我保持对__________的责任。

为了获取那些我尚未完全掌握的要素/能力的相关经验，我会在__________（日期）之前去做__________。

3 服务型领导更受欢迎

领导者必须谨记：他要对他管理的人和事负责。他必须保护他的羊群，他不仅要挥舞着他的鞭子，还要在他们需要的时候为他们服务。这样羊群才能互相照顾，让整个羊群受益。

——詹姆斯·史托戴尔，斯坦福大学胡佛研究所

爱你的士兵们。醒来的时候爱他们，睡去的时候依旧爱他们。总而言之，只有一堂领导课是你需要的：爱你的士兵们。

——科林·鲍威尔将军

本书第一个矛盾之处是：那些最优秀的领导者一开始就是（并且一直都是）最优秀的追随者。第二个矛盾之处是：最好的领导者总是最先把自己放在最后考虑。

什么是服务型领导

在最近的领导力文献中，服务型领导的概念可是十分流行。过去的

十年间，几名广受欢迎的作者创作了不少本关于这个概念的优秀图书。服务型领导这个词汇，是由罗伯特·格林里夫创造出来的。格林里夫在上世纪40年代到60年代期间担任美国电话电报公司管理、研究、发展和教育部门的高层负责人，还曾任麻省理工大学斯隆管理学院和哈佛商学院的管理学讲师。在上世纪70年代，格林里夫开创性地写道："领导者就是服务者"，具体如下：

> 服务型领导最关键的就是服务，服务第一。服务型领导源于一个人想要为他人服务的天性。然后这个人明智的抉择使他成为了领导者。然而这个人与"领导第一"的领导者们区别非常大，可能是因为他所渴求的是缓和那种不寻常的领导力、削弱对自愿的占有。
>
> 服务型领导和其他领导者最大的区别是，服务型领导关心的是服务，是他人的需求是否得到了满足。测试领导者是否是服务型领导者的最佳做法——对其本人来说也是最难的做法：去考察其服务对象，看他们是否强壮、聪慧、自由、自主，是否也想成为一名服务他人的人。

我建议你多读两遍上面的句子，并且思考一下这些矛盾点给你、你的团队和你的领导风格带来的影响。

我第一次得知格林里夫的文章是在1999年，当时我正在海军学院教授领导力课程。那时我是高级领导力课程的课程协调员，这门课程的授课对象是1000多名三年级学员。有一天，我的部门领导收到一张请柬，是邀请参加格林里夫服务型领导学习中心的年度国际会议的。我的老板半开玩笑地告诉我："你去这个会议听听，看看这对军队领导力建设有用没用，还是说这是对方为了破坏我们的行动与纪律设置的阴谋。”在大会中，我发现格林里夫清晰地传递了一个强大的理念。而这个理念，海军学院已经用其他的表达方式教授给我。这个理念向我证实了：非凡领导者们的成功，是通过先发展壮大他们的团队而获得的。随后，我们将格林里夫的理念纳入教学大纲之中，到现在他的理念依旧在传播并指引着全美未来的海军军官们。

军队领导是一份一年 365 天一天 24 小时不间断的责任，我早已深陷其中。我经常无法分辨“工作”和“不工作”的区别。不止一次，我在凌晨三点钟被叫醒，去监狱将我的飞行员保释出来，只因为他们不想给自己的配偶打电话。我还接到过医院的电话并急匆匆地冲到那里，因为有飞行员在执勤或休息的时候受了伤，而他们在当地又没有其他亲属，所以只能找我来。你或许认为这些职责是军队领导者为了纪律和军队整备而必须承担的，但我也有很多次在“非纪律和军队整备”情况下为他们服务。我的飞行员们（有时候是他们的配偶们）会因为无法支付账单而向我寻求建议。有的时候他们找我是因为他们的车坏了；有的时候是因为某人的配偶，在我们进行军事部署的时候，一再毫不掩饰地在家里进行有伤风化的行为。他们会因为无法理解如何使用军队医疗系统救治生病的孩子而来找我；也会因为无法抉择是否应该卖房，如何选择车贷，甚至是否应该结婚而来寻求我的帮助。对我来说，这都是很美好很有意义的机会，让我能够为他们服务。但是直到我接触格林里夫之前，我都没有能够成型的言语来描述这些行为的重要性。我带着收集服务型领导信息的任务前往格林里夫国际大会，然后满载身为领导者的进步与收获归来。

那次会议后不久，我离开了海军成为了一名商人。其中最难适应的一点，是我不再为团队成员们的生活负责了。我发现，平民领导力中的亲密关系要少得多。第一次，我落单了。没有人想和他人发展工作之外的亲密关系。当然，你可能会和同事共赴一顿社交晚宴，或者偶尔邀请你的工作伙伴们到你家一起烧烤，但是工作已经耗费了人们足够的精力，所有人看起来都想在下班后离同事越远越好。你能够想象出，你团队中的一名低阶成员因为不知道如何选择房贷而向你求助的场景吗？或者一名你下属的配偶给你打电话，因为他们唯一一辆车被银行回收而向你求助呢？

如果你的新员工因为配偶的不忠向你寻求帮助，你能成为一名倾听者、一个智囊，为他出谋划策吗？如果你和大多数人的想法一样，那么这些行为的确超出了你平常的领导舒适区（超出了工作场所的“文化礼仪”范围）。因为，很明显这些事情都属于“员工帮助计划”的责任范围。

我们该如何正确地看待这些事情并且寻找到恰当的平衡点呢？我与在军队的旧识，及我现在的工作团队成员就此进行了交流，虽然平民领导力的表现是“不同的”，但是我对他们的承诺与责任却从未改变。我很具体地告诉他们：“我的大门永远为你敞开，我会尽我所能地为你服务，不管是在工作上还是在生活中，并以此为乐。”请回忆一下格林里夫的测试：“他们的服务对象是否强壮、聪慧、自由、自主，是否也想成为一名服务他人的服务型领导者？”

这听起来有点“软弱”

在现今世界闻名的领导者中，很少有像前国务卿兼美国陆军上将科林·鲍威尔一样的人，能够身兼领导者、政治家和不同类型大型企业的高管多个角色于一身并且都取得了极大的成功。他的履历说明，不管是在本章开始时的引言还是他对于服务型领导的理念，都没有任何不好之处。

服务型领导研究所（那些研究服务型领导者性格特点的组织）认为服务型领导和高效能是密不可分的。他们关注的是结果和关系，是任务和信任。他们认识到，如果想要拥有强大稳定的利润，他们必须同样拥有一个众多机敏学习者的后补团队。而这样的员工是被培养和教导出来的，他们是在享受领导者的服务。

过去的十年中，令我印象最深刻的就是：服务型领导公司持续不断地登上《财富》杂志的“100大最适宜工作的公司”榜单。去年，榜单中前十名的企业中有五家被普遍认为采用的是服务型领导。这五家企业在他们各自的业界内都是“巨无霸”，经营业绩极为出色。其中，科技公司SAS名列榜首。其他名列100大榜单的服务型领导公司还有：Zappos. com、REI、全食超市、英特尔、美国家庭人寿保险公司、万豪国际、诺德斯特龙以及达登餐饮公司。

在《服务型领导的七大支柱》一书中，司马杰和唐·弗里克详述了他们同麦哲伦领导咨询公司的杰夫·波力一起进行的服务型领导公司业绩表现调查研究。他们用吉姆·柯林斯书中十一家“从优秀到卓越”的公司的业绩表现，与另外十一家拥有服务型领导理念的上市公司进行比较。这十一家（服务型领导）公司中包括了美国西南航空公司、星巴克、男士衣仓、赫曼米勒、联邦快递和美敦力公司。比较数据取自1995~2005年。在这一期间，标准普尔500的平均税前收益率为10.8%，柯林斯书中十一家“卓越”的公司平均收益为17.5%，服务型领导公司平均收益为24.2%！在杰瑞·格拉什戈尔的《商业中的仆人习俗》一书中，司马杰说道：“服务型领导公司创造了更加丰厚的业绩，进而我们得到了一个令人吃惊的结论：服务型领导公司比那些‘卓越的’公司还要更加优秀。”

服务型领导的7大特点

《服务型领导案例》和《无论如何：似非而是十大戒律》的作者肯特·基斯解释了服务型领导的七大行为特点：

1. 自我认知——每个人都会从更好的自我认知中获益。这是一种将自我认知作为追逐、挑战的目标而产生的良好意愿。我们可能不会喜欢自己发现的（关于自我的）东西，但是知道那里有个洞我们就不会再一脚踩进去了。

2. 倾听——我听过的对于倾听的最好描述词语是“竖起你的耳朵”。为了更好地服务，你必须理解被服务者。你需要询问大量经过深思熟虑的问题以了解你的追随者们需要什么。

3. 倒置金字塔——典型的组织模型是越往上空间越狭小。服务型领导者则会通过创造一个让众多团队成员都可以以领导者身份进行活动的环境氛围，避免典型公司组织中“高处不胜寒”的情况。这样，责任依旧落在领导者的身上；而被服务者（团队成员们）则获得了充分的授权。

4. 培养他人——沃伦·本尼斯写道，最好的服务型领导团队是一个“全明星组成的星座”。除非你能在组织内部持续不间断地利用你的经验为你的团队成员们培养学识和信心，否则你无法颠倒金字塔。

5. 教练的精神——教练是一个高竞争力企业的领导基础。他们会劝导和纠正他人，他们能够调动他人的积极性，他们是楷模，他们“鼓舞”或者“将生命注入到”他们的团队中去。这样这个团队所能达到的成就，比成员们预期的要高得多。

6. 释放所有成员的潜在天赋——服务型领导者们对团队成员非常了解，所以他们能让每个人都“自愿”贡献出那些由自由意志驱动的潜在天赋。我们都拥有那些职位描述中并不要求我们具备的知识、能力以及热情，而服务型领导者能够让他们的下属自愿在工作中使用这些东西。

7. 先见——“见微知著”这个能力需要花费时间和努力才能培养出来。服务型领导者们关心未来，因为他们不仅仅是为今天的团队服务——他们觉得他们有义务为整个团队或组织做好面对未来的准备，哪怕到那时他们可能已经不再是这个团队或者组织的一分子。

你在为谁领导

吉姆·柯林斯的研究显示，那些“从优秀到卓越”公司的领导者们充分证明了：“一个人的谦逊个性和他的专业身份组成的矛盾集合体……‘第五级’领导者们会将他们的自我需求从身边引导开，并全身心地投入到打造一家‘卓越’公司的更伟大目标中去。第五级领导者们并不是没有自我需求或者对自身利益的认识，正好相反，他们心中拥有凌云壮志——不过他们的雄心壮志首先是为了整个团队或者组织设立的，而不是为了他们自己。”

对于服务型领导者们和柯林斯笔下的第五级领导者们，不同的作家对他们有着一系列不同的的描述。“谦逊的”“谦虚的”这些词会同“无畏”和“坚忍的”一同出现。“但是”，你现在想的是，“我在（代入你的公司名称）工作。那个地方凶残、充满了竞争，还有等级森严的制度，还有……哎，我刚才说过‘凶残’了吗？在我们这行里工作的人都明白弱肉强食的道理，他们只会为他们自己服务！”你所在的公司或许并不会重视并嘉奖服务型领导这种行为。或许你认为原因在于你的老板或者你老板的老板并不喜欢这些行为，他们将这些行为视为“将自己的弱点展示给他人”。

或许上面这些猜测都是正确的，但是我的职业生涯和从事过的研究教会了我两件事，我相信这两件事是“放之四海皆准”的：

1. 那些以虚情假意对待他人、领导他人的领导者们，迟早会被发现并自食其果；

2. 老板们或许会对那些不同于自己的管理方法持怀疑态度，他们甚至可能指示你远离这些方法。但最终他们认同的是工作成果，不管你获得成果的领导原则与他们自己的是否相同。

对那些领导风格仍旧在发展中的人来说，很难使用违反自己真实本性的领导方式。如果公司文化重视与嘉奖的行为，与你的领导风格是矛盾的，那么你必须要认真考虑一下你能够在这个环境中忍耐多久。你应该对着镜子问自己："这样做值得吗?"人们会注意到你在公司文化层面上与他人的不一致，而一旦他们发现了，他们就会开始给你各种建议忠告，试图让你与"项目"保持一致。

权力与服务

不要因为权力的积累而感到羞愧。服务型领导者也会经常使用权力，但是他们不会对权力上瘾。服务型领导者积累并且使用权力，是为了服务他人，不是为了自己。权力，对于服务型领导者来说，是一个解决问题的工具，而且这一工具永远会为了高尚的目标而使用。作为回报，那些追随者们会授予这样的领导者更多的权力，因为他们相信这些权力会被妥善得当地管理和使用。

为"整个人"服务

你与其他人交流的方式同样重要。在南非北部的纳塔尔，部落语言以一种强大却又奇妙的独特方式在部族成员间传递信息。问好是"Sawubona"，意思是"我看见你了"。回复是"Sikhona"，意思是"我被看见了"（而不是我们常用的"我也看见你了"）或者"我在这里"。你需要将这种交流中的精神应用到你的团队沟通中，它会改变所有成员观察事物的视角，并且对你整个团队的文化产生一种积极的影响。

为了实话实说"我看见你了"，你必须理解对方"整个人"，而不仅仅是将对方视为一个每周出现 55 个小时的家伙。将对方视为一个"完整的人"，你必须了解是什么在工作中激励着他，是谁鼓励他获得成功，以及作为一个人，他希望留给后人的是什么。如果你的倾听足够专注，理解足够深刻，那么当你突然发现你无法“看透”他在工作上的某个观点时，你依旧能够给他容错空间让他尽情发挥。

为了真实可信的回答对方“我在这里，我被看到了”，你必须与他人建立一段基于共同利益的真实关系。你需要知道他对公司、对社区、对团队的价值，然后你需要与他交流，告诉他你愿意与他一起改进所有的环境和状况。

如果你能以这种方式对待他人（即使这是反主流文化的），那么这将会为你带来更好的工作成果，因为你能够释放人性更深层次的欲望、意志力以及驱动力。

身为格林里夫服务型领导学习中心前CEO，肯特·基斯博士不仅仅是用“领导力透视镜”看待生活，他用的是服务型领导放大镜。对此他写道：“服务型领导者不是为了赢得他人的感激而工作。感激或许能够给他们带来快乐，但是并不是他们工作的动力。他们从非凡的工作之中获得了满足感，寻找到了意义。别人是否知道他们的所作所为，是否为此感激他们，对他们来说都毫不重要。这样就足够了。”培养相应的职业技巧和自信以便能够按照你自己的方式进行领导，这将是你职业生涯中的里程碑。当你真正了解了你是谁，并且对真正的自己做出承诺时，你会发现很难用言语来叙述那种爽快的解放感。你会永远服务他人，并且永远不会改变你的决定。

总结和练习

章节重点：最好的领导者总是最先把自己放在最后考虑。服务型领导的作用和影响，是由他的团队成员是否“变得更加强壮、聪慧、自由、自主，是否也想成为一名服务他人的人”来衡量的。

重点应用：你必须调整自己的领导观念去接纳服务型领导者。服务型领导并不是软弱，应该说正好相反才对：正因为你是真正关心你所领导的那些人，所以你能够以最高标准要求他们并确保他们的任务得以完成。请记住，在司马杰和弗里克的调查中，服务型领导公司比吉姆·柯林斯书中那些“卓越”公司的业绩要高得多得多。

个人计划：

为了学到更多关于服务型领导的知识，我要学习/阅读/研究__________。

为了得到更多的专业见解、指导和建议，我会与__________进行联系。

我会要求__________来监督我，帮助我保持对__________的责任。

为了获取那些我尚未完全掌握的要素/能力的相关经验，我会在__________（日期）之前去做__________。

4 放手让员工去做，你会有意想不到的收获

在我看来，最高效的领导者们从不说“我”，这不是因为他们训练自己不去说“我”，而是因为在他们的思考中没有“我”，而只有“我们”和“团队”。他们知道他们的工作就是保持整个团队的正常运作。他们不会逃避责任，但最后获益的是“我们”。正是这些行为创建了信任感，也正是这些行为让你能够顺利完成任务。

——彼得·德鲁克

给他人一个证明自己的机会。他们会用成绩还你一个惊喜。

——比尔·弗瑞哈弗

你是否经常去思考你的权力有多少？它是否足够？你的员工对他们工作中必需的权限说过什么？你是否给予员工足够的授权？

从海军飞行员转变为一名市场营销者，在一开始几周的过渡期中，我时刻提醒自己不要在通用磨坊食品公司这样既专业又充满校园感的环境中，表现的像个死板的军队领导者。所以每句话我都三思之后才会回答，生怕自己显得太公式化。我不想让任何人（我的老板，我的下属和我的同事）认为我过于自负，想要“新官上任三把火”。

莱萨是我的第一位主管。她身材娇小，但却是一名脾气火爆的营销者和领导者。我很尊重她从一开始就表现出来的强大自信，同时我也不想让我表现的性格被她误认为是傲慢或者自负，所以我错误地采取了毕恭毕敬的态度。

为莱萨工作几周之后，因为工作上的某些状况我引起了她的注意。我向她解释了事情的来龙去脉，列举出了几个选项，并且询问了她的看法。那天，她对我的回应，至今仍能给我职业上的刺激和快感。

她坐在办公桌后，放下笔看着我，花了几秒钟思考了一下，然后向我问道："科里，你是一名优秀的海军飞行员吗？在你的飞机上，你拥有使用武器的全部权限，你的飞行任务地点是波斯尼亚。那么，你是一个果断的人吗？"

这一席话让我有些不知所措。当然我是一名优秀的海军飞行员。当然我被任命为指挥官是因为我坚定果断。她说这些话到底是什么意思？

她用她那坚定又自信的声音继续说道，"我非常擅长市场营销这些东西，你则还有很长的路要走、很多事去努力，然后才能达到我现在的程度。但是我无法同时解救我们两个人。所以我希望你能够跑起来，越快越好，去经营你的事业。如果我认为你跑得太快太远，我会在后面拉住你。但是现在，开始跑起来吧。你还需要我其他帮助吗，科里？"

这是我听过的最强有力的授权宣言。仅仅几句话之中，她表达了对我的高度信赖，让我知道了，如果我犯错了她会支持我帮助我，并且会使用这些错误来指导我成长。她同时还让我知道，在我的错误巨大到足以伤害我们两个人的事业之前，她会及时阻止我。跑？当然！尽我所能！

我很惊讶在这么短的时间内我就获得了这么大的权限。原本我认为商业世界是一个控制森严、很少有自主的地方，毕竟关系到那么多的钱。但是莱萨领导我、授权给我的方式，和我在军队中所经历的，是一模一样的。她的领导风格立刻给了我回到了军营、回到了家的感觉。多年之后，回首再看这次谈话，我十分感激和尊敬莱萨的所作所为，她是一名十分善于授权的领导者，她的信任对我的影响和震撼非常大，因为原本我对商业世界中的授权期待是非常低的。

在我 28 岁时，我和我的海军飞行中队伙伴们的定期任务是这样的：“驾驶两架飞机飞到地球的另一端，同行的还有两个工作团队，一个团队十二名飞行员，外加十名维护人员。在那里生活工作一个月（一个我们之中没有任何人会说当地语言的地方），没有军事基地提供的种种便利。飞行训练任务是与东道国的舰艇和潜水艇进行对抗。训练中把他们打得落花流水，但回来还要表现得亲切友好。要当一名优秀的美国使者，要与国务院驻当地员工和其他大使馆人员像一个团队一样工作。下了飞机，你就要像当地人一样生活。要做好飞机维护工作，让你的手下吃得饱，要让他们远离监狱。如果你需要任何帮助，就给飞行中队打电话。还有，最后这句别当真。”

那时我才 28 岁！我一点也不感激压在我这个年轻军官肩上的巨大责任，直到这一切变成了久远的回忆，因为这是唯一一个我了解的职业环境。每个 28 岁的年轻人不都有为了薪水而不得不做的事情吗？

成为一名商界人士十年之后，我开始好奇，为什么美国军队能够给那些年轻姑娘小伙子那么巨大的责任和权力，同时还保证了极高的职业行为水准及任务结果？虽然我亲身经历了莱萨事件，但我还是会经常惊讶于一个职位的职权是多么的“小”，即使身处这个职位的是一位受过良好教育、经验丰富的员工。我甚至在时不时的思考中找到了自己的身影，“我不再拥有我 28 岁时的责任广度”，甚至在填写招聘的职位描述时对职位要求也会“更小”。

我开始思考，我们（商界工作者）是不是变得太过小心了，工作中是不是还可以有更多的自由空间？但是随后我考虑了更多：要想解决上述问题，必须要有一个过程，必须要有一个方案，这个过程和方案必须是可重复的可复制的。下面就是过程和方案：

军队给予那些学习迅速、训练有素的成员们巨大的责任，同时也给予了他们相应的权限。这些迫使他们去锻炼，锻炼他们的行动能力和决策技巧，直到他们在恶劣的环境下依然能够保持高超的水准。这给了他们清晰明确的行动准则，能够足够具体地告诉他们在大部分情况下的最佳做法，又让他们能够对其他情况做出足够灵活最佳的判断。同时，这些还给予了他们坚实的道德观，这恰恰解释了：好（符合道德观）的行为和判断不管在哪个年代都是受欢迎的，而不仅仅是说的好听而已。并且这些还让他们获得了大量的人力支持和协助。

支持和帮助也是成功的要素之一，我已经忘了当我还是一名年轻军官时我接受过多少这样的支持和帮助。不管我是在挪威海上空 200 英尺（约为 61 米）搜寻俄罗斯潜水艇，还是盘旋在波斯尼亚受难村庄的 2500 英尺（约为 762 米）的上空，这都得益于我经历过的数千小时的训练，以及 100 年来人类的（科技、机械、飞行、军事等）经验。虽然最终下决定的人是我，为这个决定负责的也是我，但是在我背后有着巨大的力量支撑着我。在现今不景气的商业环境下，公司可能没有足够的金钱与资源去支持年轻的领导者们，所以我们就让他们的工作“变得更小些”。

你如何做才能让你手下的工作“变得更小些”呢？

1. 鼓励帮助他们成为“战略伙伴”。
2. 向他们展示你的“领导者意图”。
3. 将你喜欢亲自去做的工作委派给他们。
4. 授予他们权力。
5. 时刻准备好“当他们的教练”。

战略工作伙伴

1999 年 1 月，海军陆战队指挥官查尔斯·克鲁拉克将军发表了一篇文章，文中他开创了“战略下士”（Strategic Corporal）这一概念。这一概念的核心思想是，训练海军陆战队士兵（包括级别最低的下士），保证他们每位都能有进行独立果断的战略思考，这样每支海军陆战队小队都有能力高效独立运作，哪怕他们被彻底中断与上级的联系。

克鲁拉克将军是这样描述这一概念的：“一名战略下士能够快速评估现有情况，并且迅速行动。任何一名海军陆战队员，只要具备坚定的道德感，彻底通过了理论学习和实践训练，配备了最精良的武器设备，就能敏捷地行动，最重要的是拥有一名具备兵团优良传统的领导者，就都能做出正确的决策。”

作为一名领导者，如果你能够将你的追随者们都打造成“战略下士”，那么你一定获益匪浅。为了达到这个目的，让我们重复一下克鲁拉克将军的概念：

“战略工作伙伴”能够迅速地评估现况，并且立刻行动。任何一名团队成员，只要坚定地认可组织文化，在最好的装备和系统的支持下通过了培训和工作，能够快速学习，最重要的是拥有一名具备公司组织优良传统的领导者，那么就能做出正确的决策。

为什么这一段话会对你和你的团队产生强有力的影响和激励呢？因为，如果这一段中所有的元素都已齐备，那么你就可以享受它带来的最佳工作成果了。如果这些元素有所缺失或者只是勉强存在，那么你就有得忙了。你们是否缺少一个丰富的共同文化？员工们是不是并未进行严格的培训？你们的团队是否缺少良好的传统？一旦这些问题有了答案，接下来就是你作为领导者的工作了。有些时候这些领导行为发生在你的团队内，但是更多时候，可能需要你“向上领导”。你或许不得不成为公司内部发展文化、道德感以及行为规范的催化剂，以便全公司的领导者们都能够打造并支持“战略工作伙伴”。

领导者意图

这是一个进行授权的强有力工具，这个工具也有一个对应的军队版本——“指挥官意图”。“指挥官意图”是一组信息或者原则，每个军事单位的指挥官都会打印出来分发给下属，目标是让下属明确自己所被期望的最终状态：隐藏在目标背后的真正目的是什么？为了这个目标，必须完成什么才称得上是“成功”？在什么情况下这个意图才会失效？指挥官意图必须清晰地对这些问题进行解释，这样所有人才能专注于达到并完成最终状态。任何一名领导者的“意图”信息都应该能够反映出整个团队的任务所在，每一个小队都应该与更大团队的目标相一致。

任何团队，不管是不是军事组织，都应该体现出其团队领导者的个性和行为。“领导者意图”这个概念实际上是在说明，你需要详细地描述团队正在进行的工作内容和最终目标，这样才有空间让下属进行独立工作和创造性思考。指挥官意图就是“时间（when）、地点（where）、人物（who）、原因（why）、目标（what）”，最后把“如何（how）”留给具体做事的那些人去思考解决。

形成并且公布你的“领导者意图”能够帮助你的团队弄清楚工作目标和任务内容。你要向你的团队成员们解释，为什么他们每日的辛勤工作对于组织目标来说是那样的重要，为什么这些目标是高尚的值得他们为之奋斗拼搏的。这些解释将会给他们标明一条界限（就像游泳池泳道线一样），让他们能够在界限内充满自由和创造性地工作。有了这些界限，他们就能成为你的“战略工作伙伴”了。

如果独立撰写你的意图信息让你觉得有些太过独断专行，那么我建议你与你的团队一起商讨。你可以使用项目管理专家尼尔·怀特称为“团队文化训练”的方法，这是一个团队练习，在练习期间你可以发展并明确你的工作规范、目标以及团队文化。一旦一个团队对目标有了坚实的把握感，每一名成员都需要知道自己的具体角色是什么。

授权

现在请选两个你最喜欢并且最擅长，但是对你来说已经没有更多学习发展空间的任务，把它们填写在下表中。

<table>
<tr><th></th><th>任务</th><th>技巧</th><th>谁</th></tr>
<tr><td rowspan="3">1</td><td rowspan="3"></td><td></td><td></td></tr>
<tr><td></td><td></td></tr>
<tr><td></td><td></td></tr>
<tr><td rowspan="3">2</td><td rowspan="3"></td><td></td><td></td></tr>
<tr><td></td><td></td></tr>
<tr><td></td><td></td></tr>
</table>

在头脑中回想一遍这些任务。为了出色地完成这些任务都需要什么样的行为、技巧和能力？把这些填写在“技巧”一栏中。

现在，思考你团队中或者相关团队中有谁需要但并没有精通这些技能。把他们的名字写在一个或多个任务之后。

接下来，与你的团队成员或者“上榜人”的领导者分享你的计划，将这些任务从你的工作表中删除，并把它们分配给列表中需要获得这些经验的那些员工。

现在你有更多的时间去进行那些能够让你获得发展和提高的工作，同时你还通过培养他人，为团队创造了更多的工作时间。不要忘记持续不断地给予他们支持，他们需要这些支持来获取成功。

将你的权力分给他们

当你委派任务的时候，请使用这个公式：

责任 + 权力 = 所有权

通过与团队成员交流你对他们判断力的信任和你对他们杰出工作业绩的期待，确保他们真正地获得了自主权。但是你同样需要给予他们完成任务所需要的明确权限。这种权限可以是预算权限，可以是直接汇报与间接汇报关系的确认，可以是在团队成员面前依次宣布你要求他们担任的角色。如果你以自己的方式授予他们权利，他们将会用他们的努力、创新以及成果来让你惊喜。

授权的一部分是要解释清楚，你希望他们能够果断地进行决策。前国务卿科林·鲍威尔有一个专门用来进行决策指定的公式。如果他只获得了他认为成功必需信息量的 40% 甚至更少，那么他就会按兵不动，直到获得更多的信息。如果他获得了足够的信息，能够给他40%~70%的成功率，那么他就会大胆放手去做。如果他获得的信息让他有 70% 甚至更多的把握获得成功，那么他会毫不犹豫地动手，而不会等到成功率更接近 100%，因为那样会花费太多太多的时间。

鲍威尔的“40 ~ 70”法则或许不是你的理想概率范围，但是对你来说这是一个十分有用的模型，让你能够向你的团队成员解释你对他们的信心。你需要帮助你的团队成员理解，你相信多大的概率标准对他们是合适的：或许对某人来说，你持有的是“60 ~ 80”法则。这个人应该独立工作，直到他感觉有 60% 的成功率，再来找你进行商讨。又或许，他深刻的洞察力使他有对一个具体的项目拥有 80% 的成功率信心，那么他可以自行批准这一项目。不管在你心中这个数字范围是什么（这些数字范围会因为团队成员的不同、项目的不同而有很大的差别），你都要把它和授权宣言清晰地传达给你的团队成员，这样才能培养他们的直觉。小小的“胜利”会像滚雪球一样为他们带来“强大判断力和决策力”的好名声。

开明地接受“向上指导”

我最喜欢的一条海军格言是“抱怨的海员是快乐的海员”。只要环境健康到足以承受那小小的抱怨，那么一切都没问题。如果所有的怨言都被禁止，那么团队成员们则会纷纷放弃并且辞职离开这个糟糕的工作环境。

当领导者在组织结构中升得越来越高，他们与下属的联系会越来越少，能听到的真实情况也会越来越少。最优秀的领导者们会创造一种环境，表明他们会永远敞开大门接受团队成员的信息和意见。这种行为会创造一种高专业性和高沟通性的团队精神，这种精神应该是你毕生都在追求和完善的。

但是，你如何才能分辨出哪些抱怨是普通的日常行为，哪些抱怨含有真正的洞察力和见解，能让你、你的团队和你的职业生涯避开毁灭性危机呢？我认为，当他们找你来谈某个项目问题之前，他们的思考就已经将洞察力和见解放进了这个项目问题之中：

- 他们是否充满敬意地提出这个项目的问题？
- 他们是否能够（有意识的或无意识地）提出并解释一个或多个他们或他人可能解决问题的方法？
- 在他们最后得出结论之前，他们是否询问你的见解或提出相反的事实或观点？
- 他们是否以暂定的口气来告诉你他们的结论，好像他们依旧会开放大脑接受新的观点一样？
- 他们是否向你解释什么具体的东西是他们想从这次对话中得到的，什么不同的行动是他们希望能够后续开展的？
- 他们是否解释了他们提出这个问题的动机，他们是否将这个项目问题与团队或整个组织的目标结合在一起？

如果他们在与你展开对话前就对上述问题进行了仔细思考，那么你应该回报他们以尊重和认真的倾听。如果他们对项目问题进行了深思熟虑，最后仍决定前来找你商谈，那么他们就是在帮你一个大忙，你应该心怀感激地接受他们的“向上指导”。

最优秀的领导者们会培养那些经过授权的团队成员，这些团队成员又会继续培养他们自己的授权组员。交出你的权力，然后你将会得到十倍于以前的工作成果。同时，你还要不断寻找并接受“向上指导”。通过“领导力透视镜”观察那些成长中领导者们的工作业绩，你想要扶植的那些未来领导者们，应该能够接受责任，并且能够通过将领导力授予他人来获得成功。

总结和练习

章节重点：最优秀的领导者们可以通过授权来获得更多更优秀的工作成果。他们能够创造出“战略工作伙伴”。他们能够让自己的“领导者意图”被下属知晓。他们能够授权，能够将权力与责任一起交给他人，他们随时欢迎来自任何人的反馈意见。

重点应用：俗话说得好，“人多好办事”。非凡的领导者不会独揽工作的重任，他们通过他人的协助来完成工作。这样做的好处是，提升了工作业绩，而且还能够赢得一个“授权型领导者”的好名声，一个“通过工作来培养发展组织下一代领导者”的好名声。

个人计划：

为了学到更多关于授权的知识，我要学习/阅读/研究__________。

为了得到更多的专业见解、指导和建议，我会与__________进行联系。

我会要求__________来监督我，帮助我保持对__________的责任。

为了获取那些我尚未完全掌握的要素/能力的相关经验，我会在__________（日期）之前去做__________。

5 建立你的领导力品牌

好的品牌是承诺，伟大品牌是信守承诺。

——汤姆·斯塔提，英国品牌专家

我不是一个“生意人”，我自己就是“生意”！

——肖恩·科里·卡特

你会投资自己吗?

想一想你在其他人眼中是什么样子?花几分钟，在谷歌、脸书、推特或者领英上搜索你的名字。阅读一下搜索的结果，看看网页上你所留下的信息所传达出的你的“个人品牌”是什么样子。

现在考虑你所找到的信息并试着回答下面两个问题：

假设，你有十万美元用于投资，目的是获得可靠的、富有竞争力的回报，那么你会投资在“你自己”身上吗?

第一轮回答：是/否

为什么呢/为什么不呢?（填写原因）

____

____

在这个丹·平克称为的“概念时代”，身为一名领导者你最宝贵的资产是你的想法和名声，它们就是你的个人品牌。你应该有意识地建立并保护这个品牌，就像耐克对待它的“钩子”、苹果公司对待“缺一口的苹果”，和麦当劳对待“M”标志一样。你的品牌是唯一可以追随你到任何地方的东西，而且在你的职业旅程中，它通常会高于你的存在。

你的品牌代表了你自己、你的团队、你的公司努力奋斗的所有成果和历史，它使用了你领导力工具箱里的所有工具。你的个人品牌不仅仅表现出“是什么”，它同时还表现了“如何做到的”“与谁一起做到的”。你的品牌“就在那里”，但同时又“不在那里”。你对于品牌“未来”的承诺就静静地躺在品牌的某处，等待着。

为了打造你的品牌，你需要做真正的“自己”。为了成为“你自己”，你需要开启你的自我发现模式并勇于尝试。一旦你真的搞清楚“你”是谁了，你就必须像一个技巧丰富的品牌经理一样管理你的品牌。

正确的自我认知，乐于接受指导

为了能得到真实反馈，我能给你的最重要的建议就是：接受指导。无论你的社会地位或者身份如何，你都要保持足够的谦逊和渴望，以感激之心接受那些建设性反馈，不管给你反馈的人处于什么职位或者角色。真诚、精准的自我认知，是你职业生涯的新鲜氧气。你的自我认知会给你警报：如果你知道地上有个洞，你能够看到这个洞，你就不会掉下去了，不是吗？

你绝不能装作对别人的反馈感兴趣，你必须真正感兴趣。如果你接受反馈的意愿没能转化为实际行动，这就不能表示你真正倾听了他人的反馈，相对的，你的品牌也会显得徒有其表。

你应该寻找不同的工具来增加自我认知。你的组织内有人才管理部门、职业咨询部门、组织发展部门、人力资源部门（或者其中几个），你需要联系这些部门的工作伙伴，要求他们对你进行各种不同的评估，这些评估会帮助你扩大你在领导力特点、潜能、长处与机会等方面的观点与视角。我建议你通过多种途径寻找反馈，不要只找与你关系最紧密的团队成员。除了传统的“360 度评估法”（从你周围人那里寻找反馈，比如你的上司、你的同事、你的下属），你还可以寻找（与你工作相关的）外部供应商合作伙伴、客户的反馈，以及（你参与的）跨职能项目团队伙伴的反馈。你可以向过去一年中与你关系最密切、联系最频繁的人寻求反馈。如果组织的工作流程不允许这类反馈的发生，那么你就要自己想其他方法，比如安排一场私下的一对一会面，通过电话联系，或者邮寄一封寻求真诚反馈的手写调查问卷。

你要明确你的意图：要事先告诉他们，你正在努力提高自己，为了实现这一点，你需要很多人的观点和视角。这种声明很不常见，因为大部分人都不会向他人寻求这种帮助，因此你的动机和意图很可能会被他人质疑。一些人可能永远都感觉不到足够的“安全”来给你坦诚的反馈，你需要努力展示你对“成为卓越”的渴望和对反馈的感激之情。

你必须以领导者的身份来进行这些额外的努力（永远都要这样），尤其是当你在组织中越升越高的时候。史蒂芬·柯维博士对此写道：“领导者们，请注意！你的职位越高，能收到的直接反馈就会越少。反馈就是你的生命支持系统。没有了它，你将最终面对失败。你需要尽你所能去创造一种让他人可以安心给你反馈的文化环境。”不管你是处于职业生涯的早期还是末期，你都应该使用这样的精神来进行领导：“如果你发现我有一些行为，与我想成为一名成功领导者这一目标不一致，请一定告诉我。我能够接受，而且我也愿意接受。否则我又怎么能变得更好呢?”

这就是“接受指导”。

创造持续力："适应融合"

职业生涯是个长期过程，时常会偏离最初计划。大多数人的职业生涯将持续至少四十年，其中每八到十年为一个时期，每个时期的结束都将会引导出另一个时期的开始，有时候你会因为意外发现而走上一条以前从未想过的道路，开始一段全新的职业生涯。为了获得成功，同时也为了充实每一段职业生涯，你需要一位忠诚的、充满挑战性却又令人无比满足的好伙伴——这位好伙伴就是你自己。这就是为什么自我认知如此重要：因为你要花费一生的时间与你自己相伴！

在你成长过程中，你需要仔细研究那些你服务过或者学习过的非凡领导者的领导风格。这样，你会自然而然地学习到那些能够产生最佳成果的特点与行为，同时，你也要舍弃他们不好的行为（不要忘记哟）。通过告诫自己不要犯下相同的错误，你可以从"坏领导者"那里学到同样多的东西。

领导力的真正含义是找到属于你自己的领导风格。为了实现这一点，你需要完成这个练习：试着回忆最后两三次你在谈话中给予团队成员（一位直接汇报者，或者一名你的同级伙伴）意见或建议的场景。

现在，花几分钟时间逐个回忆每个场景：在每场对话中，你都使用了谁的领导风格来指导你的目的、言辞及语音语调？如果你不由自主地想说，"我自己的"，那么请仔细思考一下，你是什么时候从谁那里学到这种待人方式的？你的行动是否表现出像杰克·韦尔奇（前通用电器 CEO）一样的领导风格？还是像你的第一位主管？或许像你的田径队教练？你是否还应用了一些你从其他领导力书籍中学到的知识？

培养发展真正的领导力，要求你能够观察并且采用他人的实践经验和行为，这些人就是你在职业旅程中一路遇到的那些领导者们和团队成员。非凡的领导者们通常会在职业生涯早期采用一种"实验室心态"，通过不断增加适合自身风格的新工具和技巧，经历尝试多种不同的领导力风格和技巧，并创造出了自己的“适应融合”法。

最优秀的高层领导者们会确保追随者们已经知道可以进行实验，知道应该坦诚地谈论他们想要尝试的技巧方法以及为什么他们认为这个方法会奏效。这种沟通会促进双向指导，并且开启“20%”的社交学习(详情请参考第十三章)。最杰出的高层领导者会确保“领导力实验室”是一个能够安全进行实验的地方。如果他们的追随者在“真实世界”中犯了“实验室”的错误，他们也能够迅速地对追随者进行保护。他们会密切关注那些正在发展中的追随者们，以便判断在什么时刻、在谁的面前让他们进行实践，什么时候这些追随者不得不穿上“比赛服”上场。非凡的领导者们不会让他们的追随者陷入危及自己的职业生涯、公司业绩或者人际关系的境地。

一旦你形成了自己的个人风格，你必须实践我说的“持续力”。所谓的“持续力”，就是“持续的一致性”。没有人会喜欢一个整天玩“猜——猜——我——今——天——是——谁?”的领导者。打造你领导力品牌的一部分，就是建立品牌的代表性。而建立代表性的最佳方法，就是你的“持续力”。赛百味拥有超过三万六千家的分店，但是在任何一家分店里购买三明治的体验却是丝毫不差的。店面的装饰、灯光、促销活动，以及三明治的制作程序，在全球所有分店中都是一致的。这种一致性，就是你身为一名领导者需要做到的。

推广你的品牌

一旦你真正搞清楚了自己是什么类型的领导者，你就能够坚持那些正确的事情，能够分辨出那些会受到你影响的任务成果；然后你就自然而然地发展出了你的品牌。现在的重要任务是：开始推广你的品牌。

身为一名前大众消费品销售人员，通过培训和亲身体验，我学习到个人品牌可以，并且应该使用与那些深受喜爱的品牌（如麦片、鞋靴、或者电脑品牌）相同的营销技巧来进行推广。你不能出错，不能在基础品牌管理知识的学习上出错，也不能在这些知识的应用上（打造你个人领导力品牌）出错。下面，我会用“4P”来进行解释，不过你想选用任何的营销模型都可以。

产品（Product）

你自己就是产品。你所有的技术、能力、机遇、经验、项目成绩，你培养发展自己和他人的方式和专业性知识，以及你打造及维持职业人脉的能力，这些都是你的“产品”。

价格（Price）

你的组织为你花了多少钱？这其中应该包含你的工资、奖金、行政花销，以及其他福利待遇（这通常占到了你总收入的百分之二十至三十）。只有高价值工作产出，才配得上高价格。当你思考你自己的“价值”时，请考虑一下你的价值中“无形”的那一部分，比如你的“易用性”。你是一个“低维护需求”的产品吗？或者说，你的领导者们、追随者们以及团队成员们是否要花费大量的时间和精力来保持你的正常运作？什么是你入职的机会成本？他们是否希望有其他更低成本的替代方案？如果这些问题的答案是肯定的，那么你的“产品”或许定价太高了。

定位（Place）

你是吉姆·柯林斯说的那种“坐在正确位置上的正确的人”吗？你做的是否是你喜欢的、适合你技能的工作？当有人需要你的“产品”，穿过整个组织来游说你加入，你是否可以立刻入职？需要你的人知道去哪里找你吗？你是否能够利用技术来扩大你的工作领域？你是否通过自己的技巧和声望来培养发展他人，并以此来扩大你的影响力范围？

促销（Promotion）

市场营销中，我最喜欢的部分就是制订并执行整合营销沟通计划：制作电视广告，举办引人注目的公共关系活动，将自己的品牌与合适的友商品牌联系起来，互相提高品牌影响力。宣传我所管理的品牌是一件令人激动的事情，而找到一件用途正确、价格合适的正确工具，虽然充满挑战性，却能让整个宣传活动事半功倍。

你是如何向你的团队组织传达你身为领导者和追随者的价值的？你要如何创新性地销售你的产品，同时又不让过多的竞争意识或政治意图玷污你的品牌呢？

用金钱买不到的最好营销方法，就是口口相传的口碑营销。让你的领导方法和工作业绩为你代言，让他人都成为你的品牌拥护者。当然，你需要思考出具有创新性的方法，让自己登上组织内部那些“消费者”的候选名单。最佳起始点，就是先为自己赢得一个“重视结果、高价值、无需维护、为客户需求尽心服务的追随者和领导者”的好名声。赢得好名声是最可靠的方法之一，可以让你赢得全价不打折的回头生意，并且这种口碑营销花费极少就能让你发展出新的业务组合。

你需要像管理一个全球最知名品牌（比如苹果、可口可乐或者耐克）一样管理你自己的职业声望。一个品牌的存在，不是在成长就是在削弱。你应该将你的年度绩效评估视为一个机会，来对你自己的生意——你自己——进行一次综合业务评估。

当人们使用“领导力透视镜”来观察他们的个人品牌时，他们将更容易地发现并阻止那些可能毁掉他们品牌的因素；并且能够花费更多的时间与精力来维护自己的品牌，这样做可以让留在客户记忆中的瑕疵逐渐变淡乃至遗忘。他们还能够意识到巨大个人品牌成功的影响力，并且利用个人品牌让自己的职业生涯更上一层楼。当我们使用“领导力透视镜”对我们的职业生涯进行检查后，我们的工作业绩会更加引人注目。

总结和练习

章节重点： 为了打造你的品牌，你需要做真正的“自己”。为了成为“你自己”，你需要开启你的自我发现模式并勇于尝试。一旦你真的搞清楚“你”是谁了，你就必须像一个技巧丰富的品牌经理一样管理你的品牌。

重点应用： 为了管理你的个人领导力品牌，你必须使用你手中所有的工具和资源（不管是来自公司组织内部还是外部），来提高你对你工作表现与结果感知的自我意识。一旦你具备了这样的自我意识，你就可以树立起自己的品牌。你的品牌树立方法是要来源于你的技巧和激情，并且与二者一致的，这样你就成为了真正的你：可以成功完成职业生涯旅程的“唯一”的你。寻找到真实的你并且工作生活在这个状态下，你将能够持续不断地提供超出预期的惊人业绩，获得晋升并且以更快的速度影响他人。

个人计划：

为了学习如何成功打造我的个人领导力品牌，我要学习/阅读/研究__________。

为了得到更多的专业见解、指导和建议，我会与__________进行联系。

我会要求__________来监督我，帮助我保持对__________的责任。

为了获取那些我尚未完全掌握的要素/能力的相关经验，我会在__________（日期）之前去做__________。

6 做好招聘工作：找到愿意跟你走的员工

雇佣那些比你更好的人，然后让他们保持下去。寻找那些胸怀壮志、不守常规的人。

——大卫·奥格威，现代广告业先锋

你若爱惜自身名誉，就请结交品行高尚的人；宁可茕茕孑立，也不能同流合污。

——乔治·华盛顿

身为一名领导者，最令人激动的事情之一就是有机会雇佣那些精英级团队成员和未来的领导者进入你的团队。但是很多雇佣和晋升流程都犯了一个大错，我称之为“招聘的原罪”。这个错误是：拿那些最优秀技巧最娴熟的“实干者”当作下一任领导者的最优人选。实际情况是：一个杰出的风险分析师、会计师、机械操作师、牧师、飞行员以及其他成千上万的“实干者”的职位技能要求，与领导一队实干者或者领导一个刚刚合并的跨职能团队的技能要求，是完全不同的。但是，领导者们经常会对某些员工的优异表现留下深刻的积极印象（例如，年复一年的优秀业绩、提升产品质量的能力、让公司获益颇丰的非凡法规解读能力），并提拔这些员工作为他们超强个人绩效的奖励。当然，也有不少经验丰富的实干者能够成为令人尊敬的优秀领导者。但是，领导者的选拔过程应该是以他们是否适合领导者职位为标准，身为实干者的杰出业绩并不应对这一过程产生过多影响。

那么，如果你正打算雇佣一名实干者当领导者呢？我建议你还是放弃这个打算，继续招聘那些具有成为未来领导者潜力的人。我宁可选择一个有上进心的、学习灵活的、能够积极改进工作环境的候选人，哪怕他只符合70%至80%的职位技能要求；也不会选择一个具有高度娴熟的职业技巧，却缺乏激情和学习灵活性的候选人。我会使用我的业务来培养他的在职技巧，并且利用他帮助我培养更多的人。一名只有基础职业技巧的候选人，无法成长为一名领导者，他很可能只是作为一名高效的团队成员在领导岗位苦苦支撑。

开始招聘

如果你在人力资源管理部门有工作伙伴，那么你应该立刻开始利用他的技巧和经验来帮你选拔人才。人力资源部的家伙们可都是招聘雇佣的专家，他们拥有公司组织层面的眼光视角，可以帮助你寻找那些隐藏在组织内部最深处的人才，或者可以给你寻找组织外部人才的目标范围、目标环境建议。

你的人力资源部搭档还能为你提供若干工具，帮助你评估候选人，对他们进行优先排序，这样你就能够更好地了解候选人的个性、工作技巧、动机、智力、文化适应能力，以及其他你需要了解的能力。人力资源部搭档还能够帮助你了解公司内部的每名候选人的工作经历，以及这些经历是如何转化为他们的能力模型和职业道路的。

这些工具可以帮助你了解每名候选人的“欠缺之处”，了解这些欠缺是能够通过指导来进行填补，还是最终会阻碍这名候选者获得成功。这里有两点你需要记住：

1. 除非你试图填补的职位是一个全新的职位（不管是在团队中还是在公司组织中），否则你就是这个职位的专家。你应该引导帮助你的人力资源部伙伴，界定理想候选人应该具有的行为举止和个人特征。

2. 招聘和雇佣更像是艺术，而不是科学。在调查每名候选人的专业技巧以及文化适应性上，你的“胆量”将起到非常重要的作用。在雇佣和招聘上，经验是最好的老师，因为只有时间才能告诉你你的选择是否正确，错误雇佣的代价非常昂贵。所以你应该培养你的“胆量”并且不断校准其精度。

> 你可以毛遂自荐参加面试团队的工作，这样你可以学习借鉴其他面试官的行动，来磨砺自己的雇佣能力。你要问大量的问题，找到公司中最出色的筛选者，以及他最出色的原因。

招聘第一优先因素：领导力

我认为，你应该雇佣的是那些表现得像个领导者的人，他们的专业技巧应该放在第二位考虑（这是我在多个不同类型的组织的不同层级职位中摸爬滚打得到的经验）。如果他们具备我之前写到的领导能力（包括追随力），那么这些领导能力将会放大他们专业能力的效果。记得要避免犯下“招聘的原罪”，当你在寻找一名杰出的（或者拥有成为杰出潜力的）领导者兼追随者时，不要考虑那些杰出的“实干者”。当然，我并不是说他们理解并完成专业任务的能力是无关紧要的，这是他们符合职位的最低要求。不过，对那些可以提升的入门级职位来说，你应该雇佣的是领导才能和潜力，然后再使用你的商业模型进一步培养打造他的专业和领导力技巧。

在通用磨坊，营销部门的招聘流程是极其严格的。第一轮面试包括了基于场景的智能测试、创新性及个性测试以及高达六种的行为基础面试，这一切都要在一天内完成。公司寻找的候选人，要能够在“当天”

就完成工作，更重要的是，以面试的职位为基准，他们至少要有能够晋升两级的潜力。当招聘团队筛选出来自全国的 MBA 前十候选人时，他们知道马上就会获得心仪的人才了。他们将候选人范围缩小，挑选出他们认为有潜力成为公司未来营销主管的几个人。真正符合他们心理预期的候选人，具有在责任和复杂度不断增加的情况下，依旧能够获得优秀业绩的能力，并且能够成功引导公司内部政策和文化暗流。这个过程是“要获得世界级人才”理念的结果。

那么，有哪些方法可以衡量候选人的领导力潜能呢？答案是：看他过去的经历。在投资中，你经常会听到这样的免责声明：“过去的表现并不能保证未来的业绩成果。”在这里，对于那些正在忙于招聘的领导者们，我要提出一句更好的格言：“几个数据点就能形成一个趋势。”请记住，一旦候选者们都达到了最低标准，那么你需要缩小候选范围，只留下几个最有资格的候选人。这时，选择的艺术性开始大于科学性。

我建议你去找找他们过去的记录（某些情况下你甚至要追溯到他们高中时代的记录），看看他们是否被老师、教练、管理者甚至是他的同伴们委派以领导角色。在高中和大学时，这名候选人是否担任过若干个运动团队的领袖？他是否获得过“雄鹰童子军”的称号？如果候选人是女性，她是否获得过女童子军金奖？如果他没上过大学，那么你能从他的工作历史或者其他活动中了解到什么？他是否一直都在争取担任正式的及非正式的领导角色？如果他上过大学，那么他是否担任过宿舍管理员（美国由校方选拔学生担任宿舍管理员）？他是否以低年级学生的身份加入了校园课外活动团队，并且最终领导课外活动团队获得地区甚至全国级别的奖项、声望？他是否能够清楚地讲述他身为领导者角色的漫长历史？这段历史能否不仅显示了他个人的创业精神，还能展示他带领企业或者团队达到了一个全新的成功高度？这些记录是你要去寻找或者询问的。候选人每一次的回答都应该是围绕他的领导力展开的；他谈论他的团队以及团队成功的方式，将会显示他的领导力风格。

同时，你还需要调查候选者们的学习方式。他们是否通过学习获得新的技能？他们是否能够在艰难的环境中（比如一蹶不振的市场，或者正在走下坡路的公司）依然达成优秀的工作业绩？

在人力资源管理的合法限度内，你要探查他是如何在工作之外进行学习的。他们是具有广泛的兴趣爱好，还是只有一到两项深度兴趣爱好？这跟问题并没有错误答案——唯一可能的“错误”是你拿二者之一作为“正确”的标准答案。那些具有最高学习灵活性的人，会用他们话题知识的广度及热情让你震惊。与智能测试相比，学习灵活性是更好的领导力成功预测值。

“4E1P”模型：评估候选人

我是杰克·韦尔奇主观模型的粉丝，尤其是当我对候选人进行主观评估时。对每一个属性我都使用 1 至 10 分来进行表示：

候选人是否散发出能量（Energy）？基于你对候选人的全部了解（包括非正式情况下获得的了解，比如面试前的晚餐，或者参观工厂时），他看起来是否具有足够的内部动力来驱使他不断前进？你对他的个人能量评价如何？1 至 10 分他能获得几分？

候选人是否具有激励（Energize）他人的能力？他的存在是否“点亮了房间”，并且让你很愉快地去了解他？他能量的火花是否传递给了他人？他是否能够充满激情地接受责任？他是性格悲观的小驴屹耳还是乐观自信的跳跳虎？1 至 10 分他能获得几分？

候选人的答案中是否表达出了他的“界限”（Edge）——一个他在理性状态下必然能够达到的境界？他看起来是否能够进行健康的内部竞争，并且坚持不懈地追赶、超越那些外部竞争者？在他只拥有 70% 的预期信息时，他能否根据这些已有信息做出艰难的抉择？他是否处事果断？1 至 10 分他能获得几分？

他是否具备单独及与团队合作执行（Execute）计划的能力，能够实现完成任务、实现组织愿景？他是具有“影响力”的，还是一点都“不活跃”的？他是否与他人一起充分利用了他的商业头脑和人际关系来完成“大事”？1 至 10 分他能获得几分？

说了四个“E”，最后是一个“P”：这名候选人是否具有激情（Passion），在面对极小的成功可能性时依然坚持不懈，团结他人为事业而拼搏？他的激情——对工作的、对团队的、对目标的、对事业的——是他前进的动力，尤其是在很难实现一个“E”甚至四个“E”时。在他讲述故事时，他是否将你描绘进了他的未来愿景中？他在描述一个特定挑战时，是否身体前倾屁股坐在椅子的边缘？他是否将自己的激情，与某个大于他自己的促进因素联系起来？不管是什么任务，他是否都能保持适度的激情？1 至 10 分他能获得几分？

再次重申，这些都是主观的衡量，同一面试团队的不同成员会获得不同的数值。使用这种方法，可以让几种重要的衡量条件集中显示在一个数值中，这个粗糙的数值可以让你将候选者进行某种程度上的比较。

关于招聘和雇佣，你还需要知道什么

对于每名候选人，即使他们相当缺乏经验，我都想知道他们达成的重要成就有什么。他们的答案，就是通往他们心理活动和工作风格的一扇门。我希望他们的答案能够以这种框架来进行：

首先，我希望他们确切地告诉我他们做过些什么，回答应该具体并且充满了热情。然后，我希望他们为我讲解一下背景：为什么这件事如此重要，却又难以成功？我希望他们能向我解释他们的思考过程：他们是如何研究这个问题的，又如何得出他们的结论？对于任务需求，他们是否提高一到两个职位等级去考虑？他们采取的是情绪取向还是理性取向？他们的思考是长期的吗？他们的思考是战略性的吗？他们的回答会显示他们如何看待他人，显示他们的问题解决过程，显示他们的逻辑思考和批判性思考能力，所以，你需要仔细倾听并琢磨那些隐藏在他们答案字里行间中的意思。

最后，我希望他们解释他们是如何执行解决方案的。再一次，他们答案中显示的内容将远远超出他们对问题和挑战的处理。他们会告诉你在行动中，他们允许或者要求他人承担什么角色。你将会了解到他们如何激励他人。他们是否像汤姆·索亚（马克·吐温《汤姆·索亚历险记》的主角，个性天真活泼，追求自由）一样，当缺少权威时依旧能够影响他人？他们是否足智多谋、有创造力？当他们描述他们如何克服障碍时，你可以了解他们具有的是“我能行”的心态，还是失败主义者态度。你听到的线索可以帮助你判断他们的做事方法是否能在你的组织文化中获得成功。

每个公司组织都是不同的。关键在于，当你通过招聘雇佣程序来“淘金”时，你需要确认你挑选的候选人能够适应并融入企业文化，因为领导力的产生与文化密不可分。所以，你要告诉他公司组织的使命宗旨，并描述其价值。然后，你要向他询问这些理念和价值是否已经与他的生活产生过联系。然后，你还要询问他的个人使命宗旨是什么，然后仔细观察他如何回应。

你可以雇佣一个非常熟练、成就斐然的领导者，即使他的做事方法与公司的风格不符。你可能发现一个新雇佣的领导者能够帮助你激励团队，为团队和组织带来好的改变。但是，你也可能雇佣到一个与组织文化相冲突的人，这个人最终会将你和自己带入失败的深渊。就此来说，雇佣更像是一门艺术而不是科学，你则要对此完全负责。所以，你需要好好锻炼一下你的胆量了。

最后，我喜欢那些能够在招聘过程全程（尤其是候选人不分伯仲时）与我保持经常性联系的候选人。虽然这种衡量方式更加主观，但是其中也富含各种信号和信息。他是否能以专业方式来赞美我的公司和我们的工作？还是说他以一种空洞的方式来进行赞美，听上去粗编乱造毫不真诚？他是否同时以专业身份和私人身份与我进行沟通？他讲述的故事是否帮助我做出决定，让他在成为我办公室“邻居”的同时也成为我家的邻居？

我同样也想被人需要。我希望候选人们能够巧妙地向我表述他们的技巧非常适合这个职位，他们就是那个我正在寻找的人。我还希望看到他们的兴趣与工作一致。他们是否试图与我建立一种融洽关系？还是说在这段刚刚开始的关系中，只有我一个人在努力付出？我希望看到他们表现出对下一个招聘环节的兴趣，并且试图了解更多信息。我不会在这时就要求他们做出承诺，因为还为时尚早。所有我想知道的，就是他们是否有足够的兴趣，我希望看到他们的兴趣大到足以进入关系的下一阶段。

“A－B－C，A－B－C”是一句专业销售的口头禅，意思是“永远保持沟通，永远保证成交”（Always－Be－Connecting，Always－Be－Closing）。我希望在招聘全程候选人都能与我保持沟通。我希望他能够以一种微妙的方式与我“成交”，并且能够在最后“强硬”地表明他的“成交”意愿，如果他是真的感兴趣的话：“科里，我很感激你与我的谈话，我从你身上学到了很多东西，也从你的团队、这个招聘流程中学到了很多东西。我希望我是一名非常有竞争力的候选人，同时我也迫不及待地想从下一环节中学到更多。”这些就够了。我不希望听到：“你愿意嫁给我吗？”不过我倒是很希望听到他想与我进行“下一次约会”。最好的候选人会在招聘全程保持沟通，并且表达出他们对于“软”成交或者“硬”成交的兴趣。

其他一些冒出来的想法……

当你缩小候选人范围时，下列这些问题可能会对你的决策有所帮助：

1. 他是否与组织文化相融？

2. 如果是，他是否符合你的“理想”候选人条件的 80%？

3. 如果是，在你看来能教会他剩下的 20% 吗？

4. 如果是，他剩下的 20% 部分是否与团队整体的“20%”有所不同？如果你雇佣他，你是依旧脆弱无助，还是说他能够强化团队的某处缺点，并且学习发展出职位需要的剩下那“20%”的能力？

如果候选人符合职位的技能要求，并且面对上面四个问题你都能做出肯定回答，那么这名候选人值得你试一试。

再加上回访电话

我习惯在面试过去几天后，给我最感兴趣的候选人打一个回访电话。在电话中我会问他们一些问题：

1. 你的应聘体验如何？
2. 对评估你有任何问题吗？
3. 你觉得你每次面试整体如何？
4. 你觉得你的表现如何？
5. 你觉得你“搞定了”什么？
6. 如果可以再次来过，有什么你可以做得更好的地方？
7. 你从我们身上学到了什么？
8. 有什么让你惊讶的事情吗？
9. 还有其他你想问的问题吗？

我可能会巧妙地询问一些面试团队关心问题。

我发现，这种跟进回访电话能让我进一步地了解候选者的自我意识和文化融入感。同时，这也给了候选者一个机会，针对那些可能动摇面试团队的问题进行二次演说。

你也会犯错

不管你的招聘流程多么缜密，你总会犯下一些错误，雇佣一些会伤害到你职业生涯和事业的人。对此，适度的自责是好的，但是你要抑制住过于自责的冲动。还有，不要太快就放弃那些新招聘进来的人，毕竟适应一个新公司和新的企业文化会花费一些时间。

我最糟糕的一次候选人潜力评估，那是我在海军学院就读时，作为一名三年级学生，我接受了一项任务，内容是评估一位名叫马特·布朗特的大一新生，并给予他适当的挑战。在年轻海军学员马特的大一时光中，我对他极其挑剔，分派给他很多过分的挑战任务。但事实证明，我糟糕的眼光和不成熟的“胆识”大错特错：马特成为了一名出色的海军水面作战军官，然后他成为了密苏里州国务卿，并随后当选为密苏里州有史以来第二年轻的州长。回顾马特的职业历程，我一直都为自己对他的错误评估而感到羞愧不已。因此，我不断告诫自己可能会看走眼，即使对那些我十分满意的候选人也一样。

招聘的错误可是代价巨大的。一次错误的招聘，很可能会花费你第一年职位总薪酬的70% ~80%来弥补这个错误，这还不包括人力成本和心理压力。身为一名领导者，你要有责任去培养发展你的追随者和团队成员的能力，有机会去指导和招聘公司内部候选人，有能力将新人才和新理念从公司外部引入到组织内部。最优秀的领导者们可以平衡这三者，坚持不懈地寻找人才，并且永远都会寻找到那些具有领导潜力的领导职位候选人。通过“领导力透视镜”来审视你的招聘行动，你会通过招聘及培养那些最优秀的领导者来提高你的工作成果。

总结和练习

章节重点：招聘和雇佣那些首先能够表现得像个领导者，并且具备你需要的重要职业技能的那些人。你需要使用严格的流程筛选出优秀的候选人，这些候选人应该能够讲述许多关于他们学习灵活性以及达成非凡工作业绩的工作经历。然后，你需要向他们介绍你的组织文化，并且评估他们是否能够融入其中。请记住，没有什么“完美的候选人”，就好像没有完美的配偶一样；只有可以成长为得力工作伙伴的候选人，如果你的选择没错的话。

重点应用：首先，你必须明确你要寻找的是什么，主观和客观的。其次，你要与你的人力资源部伙伴合作，使用尽可能多的工具，广泛撒网获取尽可能多的优秀候选人。然后，你需要缩小范围，直至找到一名杰出的新团队成员。招聘失误的成本代价不菲，但是在招聘的最后阶段，你可以通过观察确定彼此的共同兴趣，来提高你招聘的成功率。

个人计划：

为了学到更多关于招聘和雇佣的知识，我要学习/阅读/研究__________。

为了得到更多的专业见解、指导和建议，我会与__________进行联系。

我会要求__________来监督我，帮助我保持对__________的责任。

为了获取那些我尚未完全掌握的要素/能力的相关经验，我会在__________（日期）之前去做__________。

第三章

想要带出优秀团队，你首先要是优秀领导

THE LENS OF LEADERSHIP

大多数人丧失机会，是因为机会披上了工作服，看上去就像是工作一样。

——托马斯·爱迪生

1
勇于挑战自我，没有最好只有更好

每个人都想着改变世界，却没人想着要去改变自己。

——列夫·托尔斯泰

我们只能走到我们追求的那么远。我们只能成为我们梦想的那么多。

——卡伦·拉文

每一本自我发展类（励志类）的图书都会鼓励你成为“杰出的”人。我不会这么做。我要做的是挑战你，看你是否能成为工作中“最佳的”那个。

在约翰逊·维尔公司的企业文化中，最令人难以忍受但也最令人喜爱的部分就是“约翰逊·维尔方法”。“约翰逊·维尔方法”中的哲学思想起源于20世纪80年代早期。公司拥有者拉尔夫·斯德尔和全公司的成员们一起逐字逐句推敲写下这段宣言，这中间包括他们彼此间的承诺以及督促并保持他人对承诺负责的许可。其中有一段是这么说的：“我们的成功来自于我们设立的短期目标和长期目标，这些目标需要我们每个人的个人成长和最佳表现才能实现。我们会更换任何不再需求我们个人成长和最佳表现的目标。”当他人问到“最佳的”这个不常见的词时，拉尔夫回答道：“我无法找到比这个词更恰当的形容词，来描述努力和成就的最高状态。这种状态是最佳中的最佳，所以我使用了这个词。”

为了达到你生活中的“最佳”状态（不管“最佳”对你来说意味着金钱还是职业地位，又或者是成为一名著名的学科问题专家），你必须拥有高成就心态。或许与金钱相比你更关心的是博爱；或许“最佳”状态对你来说意味着生活中各方面的平衡，这需要你在工作、在家庭以及在社区都获得成功。但是，如果没有成为“最佳”的雄心壮志，你就无法达到“最佳”的人生状态。领导力的最强烈要求之一，就是激励他人做到最好。对你来说，激励他人的最佳方法就是自己首先拥有成为“最佳”的雄心壮志。

不是非要拥有与生俱来的 A 型性格（特点是指竞争性、好强、压力大和工作狂）和高竞争精神，才能成为“最佳”。你只需要做几件能够帮助你培养高成就心态的事情就可以了：与自己竞争，进入“竞技场”，勇于挑战以及斩断你的恐惧。

与自己竞争

在寻求“最佳”的路上，你应该成为那个最令人生畏的竞争者。请记住，这里的“竞争”是为你心中的“最佳”而存在的。不要因为你是个一心为他人服务的利他主义者，或者认为本书内容只是关于那些富有侵略性的凶残企业类型，就跳过这一章。这本书的重点就是：你！你正在阅读本书，因为你想要成为一个与今时今日不同的自己。如果你能意识到竞争对于成就的巨大推动作用，那么你离成功就不远了。而第一个被你视为心腹大患的竞争者，就应该是你自己。

在一位优秀教练的推动下，我们获得的成就会远比我们自己想象的还要更多、更大。当你将自己培养成为一名追随者和一名逐渐成长的领导者时，你必须成为自己的教练和竞争者。对最好的追随者和领导者来说，第一个下手不留情的就是他们自己。即使你无可避免地犯了错，如果你能够客观地分析并评判你自己的表现，在他人面前承诺能做得更好，并且清晰地表达“下一次”行动的改进之处，那么你很快就能从失败中复原，并得到他人的谅解。你的高度自我认知与自我训练，会让你赢得他人的尊敬；而你对于成功的承诺以及持续不断的自我发展，也会不断地激励他人做得更好。

我生于美国中西部的一个乡村小镇，我那勇敢的单亲母亲独力抚养我长大。虽然生活将我母亲的自尊剥夺得所剩无几，但她却知道如何培养我的自尊：她教我要发自内心地去追求卓越，这种来自内心的追求带来的是成就、更强大的自信以及获得更多的强烈意愿。就这样，一个小男孩成长为了一个真正的男人，这是一位从不考虑自己的女性睿智和责任感的证明。她采取的方法如下：

当我还年轻的时候，每当我遇到升级、竞争，或者其他一些事件，不管是学校/学院里、运动场上，还是公开表演、社会交往中，哪怕我大获全胜，我的母亲都会问我：“你做到了你的最好吗?”她的意思并不是我是否在活动之中尽了最大的努力。在回答问题前她要求我思考：我是否在活动之前几天或者几个星期就开始进行准备。她问的是，我是否在准备时做到了“最好”。我的精神我的心是否已经提前为结果做好准备。对于教练和老师的建议，我是否给予了充分的考虑和应用。为了“最佳”表现，我是否充分进食、休息以及学习。

如果在考虑所有这些之后，我依旧能够回答，“是的”，那么我就配得上我所获得胜利。如果失败，我也会学着自我安慰，因为我已经尽我全力，没有遗憾。我很幸运被以这种方式抚养长大。母亲的这种教育方式在过去、现在和未来一直提醒着我，要“先与自己竞争”。

进入“竞技场”

我最喜欢的名言名句是西奥多·罗斯福的“在竞技场中的人”（罗斯福 1910 年在巴黎索邦神学院——巴黎大学前身的演讲）。请仔细地阅读罗斯福的这段演讲（下文），用笔画出你认为与你相关的部分：

> 真正令人尊敬的并非那些评论家，或者那些指出强者失败的原因、实干家如何做得更好的人。荣耀属于那些亲临竞技场，满脸泥污、汗水和鲜血的人；属于那些不懈努力的人；属于那些犯过错，屡败屡战的人，因为没有错误和失败就不会获得成功。荣耀属于那些充满激情努力付出的人；属于那些为了崇高事业奉献自己全部的人；属于那些经过艰辛努力最终取得的伟大成就并引以为豪的人；属于那些虽然失败但是勇于挑战的人，这样的人永远不应与那些不知道胜利、也从未失败过的冷漠而胆怯的灵魂相提并论。

短短一段话中，包含了多少智慧和启迪啊！你的年龄和职业生涯所处阶段的不同，对文章中各部分的共鸣也会大有不同。请回顾一下你划出的重点。每划下一个重点，你都要在页面空白处写下并完成这句话："这段话促使我去__________。"不要拖拉，现在就做！

如果你刚刚开始你的职业生涯或者刚刚完成新职位的过渡，你可能会对"评论家"的蔑视产生共鸣。如果你有着更多的工作经验，你可能在"错误和失败"部分获得更多启迪。不管哪种方式，罗斯福都是在告诫我们所有人，要发挥我们的潜力，不要表现平平。

你如何才能避免成为"冷漠而胆怯的灵魂"呢？你需要让自己身处一个充满伟大的人和事的环境。你需要与比你更加优秀的人一起工作。你需要自告奋勇去承接那些微微超过你能力范围的职位和机会。你需要在几十年的职业生涯内持续不断地这么做，然后你会发现你获得的成就远远超过你曾经的梦想。与那些生活工作得更舒服更接近成功的人相比，你的人脉将更广泛更强大。

对于如何具有高度竞争力，我没有什么可多说的。在我十几岁时，我在几件事上发现了大量的乐趣和满足感，于是我承诺要在这几件事上做更多的努力，而不仅仅是拿它们作为业余爱好。还有一些事情，虽然我毫无兴趣，但是他人却认为这些事是衡量成功与否的标志，所以我也开始对这些事重视起来，这也就是说我要达成更多更广泛的目标。如果你想成为“最佳的”，你必须愿意在生活这个大泳池的底部畅游，哪怕那里的压力让你觉得透不过气来。你需要把自己拉下水，然后你会获得更多成就，发现生活中更多的自我满足感。泳池底部是个好地方，在那里你会遇到比你更优秀的人，他们拥有的某些能力可能是你一辈子也无法精通的；泳池底部还充满着改变你人生的顿悟，就隐藏在那扇标着“用力推”的大门之后。

勇于挑战

我十分幸运，在年轻时就学到了“将自己置身于充满伟大的人与物的环境”这一课。我希望我能够声称我是一直有意这么做的，然而实际情况是，我更像一直瞎眼的松鼠时不时地找到些坚果。不过这只瞎眼的松鼠非常虚心好学，于是我学到了如何去寻找机会，进入那些跟我完全不搭的地方和环境。我学到了“勇于挑战”。

年轻时我就一心向往海军学院，于是这个目标引领我加倍地努力——如果换个情况我很可能就不会这么拼命了。田径运动是正式打开我领导之路的一扇大门。这些机遇给了我更多正式的领导角色：在兼职工作中，学校俱乐部中，甚至还给了我一个学生间的同伴导师角色。所有这些将我引向了全州乃至全国的游泳赛事以及美国少年的州际选拔赛。忽然间，我被各种高素质的“王牌”学生所包围——这里就是“泳池底部”，而我则下定决心，以这些“王牌”为目标提高我的竞技水平。

我以高中的优异表现作为赌注，获得了一个进入海军学院的机会。当时我非常肯定，一旦他们发现我与他们合格标准之间的巨大差距，他们一定会毫不犹豫地将我遣返回家。但是，最终我还是留了下来。在那里，我被 1200 个无论是道德上、精神上还是肉体上，都是全美“精英中的精英”团团包围。泳池的底部，在这里更深了。

在海军学院，我并没有被校游泳队吸纳，但是我抓住机会进入了运动队。自那以后，我只在屈指可数的校运动会上游过几次泳，但是我努力拼搏，在一年内我学到关于竞争和承诺的知识远超我过去十年所学。我是一名海军学院的最下级生，身处事事称霸的冠军人海之中。这段时间我深知自己的卑微和弱小，但是之所以我会有这种感觉，是因为我身处全美最最优秀的精英青年包围之中。此后，我继续志愿参加了一些高等级的身体竞争，比如海军潜水员训练以及陆军伞兵训练。然后，我无法自拔般地爱上了学习法语。我学习法语的速度非常快，快到在四年级之前已经足够我在法国独自生活和学习了。我的总平均成绩不够高，无法让我获得海军学院的奖学金，不过有一些来自我家乡的慷慨人士资助我，让我得以继续学习。在学院四年级，我成为了法国驻美大使馆主办的法文俱乐部主席。同时，我还以自己的方式获得了学生中的领导者角色：虽然我没能成为排名最高的学生，但是我已经潜入学院这个大泳池的底部，最终我成为了世界上最好的本科领导力培育机构（这是个有争议的称号）的最顶尖领导力学员。我没有用其他学院的标准衡量过自己，但是我相信所有学院里的孩子都被全美明星运动员和罗德学者级别的学生所环绕，这些高等级的学生可是未来的美国英雄或者白宫幕僚。

在学院的四年中，我也在很多地方失败过：我在学术上毫无建树；我中途退出了为期六周的海军陆战队夏季训练项目，因为我不再想成为一名海军陆战队军官；我未能获得学院资助的夏季语言培训课程参训资格。每一次失败都给我上了一堂宝贵的课程。

我参与竞争并最终以一名海军飞行员的资格进入了海军航空部队。在那里，我获得了海军飞行员能够获得的最高等级评价，并且以一名领航员的身份服役（这是整个海军中对肉体、精神以及情绪要求最高的职位）。但是在我身处过的所有飞行课程班级中，我都没能获得第一，我第一次失去了赢得重要口碑的机会，还是在海军飞行部队最受尊敬的指挥官面前。

当我结束了飞行员的工作后，我回到海军学院教授课程。我被最顶尖的领导力专家和上将、将军们所包围。而我只是一名飞行专家，被迫学习如何驾驶并管理一艘一百英尺的军舰以及如何赢得海军小舰艇管理者的尊敬。我在马里兰大学完成了我的MBA学业，在那里与我竞争的都是在商界摸爬滚打数十年的商务专业人士。在海军学院，我的舰艇有一次几乎撞上码头，而当时一位海军上校正站在我的舰桥上。在MBA课程中，我得了三个“B”，每个“B”都让我深感失败的耻辱。

为了进入美国企业界，我首先找到了卡梅隆布鲁克斯公司，一家擅长年轻退伍军官转型的猎头公司。这家猎头公司的候选人拒绝率高达88%~90%，但是我还是成功进入了他们的转型项目。此后，我花费了两年半的时间进行准备。我参加了16次面试，其中15次进入了面试第二轮。这些面试又被我升级为若干份工作邀请，其中三份来自宝洁公司旗下的业内领头工厂，但是我依旧不能忘记我失败的那次面试。

后来，我接受了通用磨坊食品公司的一个市场营销职位。我是一名拥有二流大学MBA学位的前海军飞行员，突然间就进入了商业竞争领域，我的对手都是聪明绝顶经验丰富的商业人士，他们拥有哈佛商学院、西北大学凯洛格商学院、洛杉矶加州大学安德森管理学院以及密歇根大学罗斯学院MBA学位。对我来说，泳池的池底越来越深，深不见底。

这就是问题的重点。就像你猜测的那样，在高度专业的通用磨坊、拥有严格经营领导阶层的纽维尔集团以及拥有“激情族长”环境的约翰逊·维尔公司，我获得了各种各样的成功，同时也经历了多次失败。每一次职业变动，我都进入了一个我能力无法胜任，同时也与我口味不符的一个全新领域。虽然困难重重，但是如果我要倒下，我也要倒在竞技场中，就像罗斯福写道的，“虽然失败但是勇于挑战”。

斩断你的恐惧

一旦你接受了“先与自己竞争”，那么你就已经进入到了“竞技场”中，这意味着你必须大胆追求你的目标，你必须做好面对恐惧和自己缺点的准备。如果你害怕泳池的底部，那么你终将一事无成。

我不知道如何才能让你轻松面对失败。失败是潘多拉之盒：缺少失败你无法成长；但是那些失败次数太多，或者经历一次重大失败的人，很可能在公司中再无立足之地。我和那些我熟悉并尊敬的人，共同发现了这条能够让你持续成功的格言：“不要害怕犯错，但是永远不要在同一个错误上栽倒两次。”你需要从错误中快速学习。你需要通过快速改变你的行为、提高工作成果去展示你的自适应学习能力。你需要与你的教练和导师进行大量交流，了解你公司对于“从错误中学习”的容忍度和界限。你需要把失败转化为更有用的东西，然后继续前进。

那么如何对待自己的缺点呢？当周围人的表现让你感觉力不从心时，你如何才能克服这种心理呢？

在自传《爸爸教我的事》中，伟大的政治记者、新闻评论员蒂姆·拉瑟特讲述他如何在丹尼尔·帕特里克·莫伊尼汉（一位20世纪著名的天才政治家）的国会参议院办公室找到一份工作的：当审查到他的家庭背景以及学历的时候，拉瑟特开始惴惴不安起来，他生长在纽约南布法罗一个蓝领家庭，他的学位来自俄亥俄州克里夫兰两个名不见经传的小学院。莫伊尼汉的智力就已经够吓人的了，他的办公室里更是充满了拥有常春藤联盟教育背景的纽约贵族子弟。拉瑟特向莫伊拉汉表达了他的担心和忧虑，而莫伊拉汉则宽慰地回应道：“蒂姆，他们拥有的，你都可以学习到。而你拥有的，他们永远理解不了。”看过了这个故事，我想你应该明白，你必须面对并正视你的缺点以及它带来的负面感觉。

你可以选择不去泳池的底部。但是如果你想要获得超过你预期的巨大成就，或者再进一步，如果你想要超越下属对你的期望、更好地领导他们，如果你想要获得更多的影响力来改变世界，那么你必须通过“领导力透视镜”来审视自己的自我发展历程和计划。这个世界亟需领导者。不要成为罗斯福说的“不知道胜利、也从未失败过的冷漠而胆怯的灵魂”。

你要成为“最佳的”！

总结和练习

章节重点：你不必具有与生俱来的A型性格和高竞争精神，依旧可以获得强大的精神与毅力，来与那些比你“更好”的人合作及竞争。

重点应用：你必须要学会“先与自己竞争”，进入“竞技场”，勇于挑战，并且斩断你的恐惧。然后，在进行职业选择时，你必须将自己置于（工作际人脉的）“泳池底部”的位置，这样你才能快速发展你的技巧的深度和广度。那些来自最实用、最记忆犹新的课程经验（成功的或是失败的），会是你最好的老师。

个人计划：

为了设定更高的目标、成为“最佳的”，我要学习/阅读/研究__________。

为了得到更多的专业见解、指导和建议，我会与__________进行联系。

我会要求__________来监督我，帮助我保持对__________的责任。

为了获取那些我尚未完全掌握的要素/能力的相关经验，我会在__________（日期）之前去做__________。

2 让你自己变得更加敏锐，成为一生的学习者

运气是个傻瓜。通往成功的大门上总是写着“使劲推”。

——哈佛大学手册，1908－09

21 世纪的文盲不是那些不能读和写的人，而是那些不会学习和忘却学习的人。

——埃尔文·托夫勒，未来学家

人生路漫长。

你所处的职业生涯阶段不同、目标不同，对这句话的感觉也不同：有些人为这句话兴奋激动，也有人觉得这句话就是个诅咒。

想想你一生中用了多久去工作：如果你现在 25 岁，你需要工作 45 年，也就是说，还有 45 年的工作生涯在前面等着你。即使你 50 岁了，你仍要工作 15 至 20 年。这是一段极其漫长的时间。

如果你尚处于职业生涯初期，那么你很难体会还有那么长时间的工作在等着你。可是不管你有多大的雄心壮志，不论你的“计划”如何，不管你如何刻意让自己认为自己就是职业生涯的管理者，都请用我的建议和方法去看待你的职业生涯：所谓“职业生涯”只是一条线上的不同时期，每一个时期大约是 8～10 年的时间，这条线不会像你想象的那样断掉。

在每个8～10年的时期中，你会学到新的能力，获得不同的工作成果，扩大你的职业和个人交际网，拥有忍耐“职业磨练”的经验。最重要的是，你会接受到很多新的有趣的观点，这些观点将进一步激发你的兴趣，改变你的关注点。但是，在你知道这些之前，你已经进入到下一个8～10年的阶段。

当然，我并不是说你应该放弃自我、接受命运。你应该做的，是主动而有战略性地去管理你的职业生涯。你不能在没有经过仔细思考，或者没有咨询家人及导师的情况下，就轻率地迈入新的职业生涯阶段。我想让你关注的是“经历每段职业生涯”的重要性，在每段职业生涯中你都需要主动去接受新的信息、新的人际关系，它们会指引你进入到职业生涯的下一个阶段。

有意为之

在我的职业生涯历程中，我当过海军军官、市场和品牌专业管理人员以及企业组织发展与学习项目领导者。每一次转变都是我有意为之的：我的职业生涯之所以如此成长，是因为我保持开放的态度，并在每个岔路口都仔细权衡，去找寻我真正想要的那条路。

除了掌握越来越多的专业技能，你也应该审慎地考虑你在每个阶段的领导力发展。领导力的发展有两个目的：1）提高你的领导能力，通过越来越大的团队获得越来越多的工作成绩；2）让你做好准备，能够在更高级别职务时应对更大更复杂的风险和责任。

我相信，不管是好是坏，所有的工作业绩都是领导力的成果。成熟的或者不成熟的领导力都表现在工作业绩的获取过程中。越使用“领导力透视镜”来审视所有工作业绩，越使我相信职业技能发展和领导力的发展是密不可分的。我敢保证，你绝不希望领导力只是你职业生涯的附属品。

在第一章第4节中我们谈到了，对于一个成功的追随者来说主动性与足智多谋是多么的重要，这些就是身为一名员工的工作保障。当你发展自己的领导力技巧时，你必须认识到你最重要的义务之一是让你下属每一名员工都“能够看到和感觉到彼此日常工作之间的联系，以及在市场中获得优胜的情景……这才是最终的工作保障”。作为一名领导者，你需要确保每一名追随者都知道自己的工作对于团队成功起到的作用，作为一名专注于自我发展的追随者，需要不断地增强你的能力，成为团队中不可或缺的一分子。

为了成为真正的不可或缺，你必须理解你所处的公司组织的能力系统。如果你公司没有正式的能力模型，我向你推荐光辉国际的 Lominger 模型。不管你使用何种模型，你都要先确保理解你的领导者需要你具备什么样的能力，这样才能保证你在公司组织中获得极大成功。你要对你的个人发展全权负责，如果需要的话你还要“向上领导”，以确保你学习发展的技巧与你现在所处的职业生涯道路相符合。

从经验中学习

在个人发展上，我推崇创新领导力中心的“70－20－10”模型，这一模型来自于长达三十年的“从经验中学习”研究。回头想想，当你离开正式院校之后，你是如何提高你的职业技能和知识的？你是如何学习那些令你印象深刻的课程的？你是如何快速完成学习的？你又是如何在高风险情况下完成学习的？

70－20－10 模型研究标明，一个成年人所学的知识只有 10% 来自正规课程、书本或者研讨会。你或许坐穿了公司培训部门安排的课程的椅子，或许正在参加网络课程/研讨会，或许你即将参加一个行业突破研讨会，以上这些当然都十分重要，但是这些仅仅只占成年人真正学习行为中非常小的一部分。

我们的学习中大约有 20% （两倍于正规课程学习）来自我们的人脉，包括我们的同事、导师以及其他人际关系。一名优秀的分析员可以教授你 Excel 的使用方法，以此提高你的工作效率或者质量；你的地区销售经理可以给你一些谈判技巧建议，以及应对那些强硬客户的独特见解。而在今天这个互联世界，有很多强有力的证据显示，由社会化媒体驱动的“社交化”学习实际上已经远远超过了我们学习总量的 20%。

70－20－10 模型最重要的一课就是，我们成年人学习中最多最重要的一部分来自于我们的经验。那些最快速的、最无法遗忘的、高风险下的学习，都来自于稍微超过我们解决能力的状况。也就是说对于这样的任务我们还不太合格，可能是因为资源不足，也可能是因为进入了一个未知领域，毫无经验。在这种情况下，我们必须想法解决问题，而且还要速战速决。在这一过程中，我们可能会犯错误，我们可能会觉得力不从心，甚至怀疑我们的职业生涯是否会就此结束。虽然如此，但最终我们还是会完成任务！事实上，你获得的工作成果可能会让你自己都惊讶不已。

对于想要成为公司未来高层领导者的人来说，一些特定经验的类型是必需的：他们需要那些能够增强他们责任广度和深度的职位（不必非要通过单一经验来同时增加二者）；他们需要开展一些新的行动，例如创建一个新部门，或者带领公司进入一个新领域；他们需要统领一些已经存在的成熟的业务，激励并加速它的增长；他们需要“修复”一些已经“破烂不堪”的事物，例如彻底转变一个问题多多的团队/产品生产线/客户关系，并且获得高水平绩效。在平常职能之外，他们还要培养自己的跨职能当责能力。如果公司做的是全球性生意，那么他们还需要培养自己的国际化工作能力。

当你进行自我发展的同时还承担培养他人的工作，那么你必须使用 70－20－10 模型来构建你的发展计划。如果你想从正式学习或训练活动中获得更多知识和经验，那么你更应该多多实践锻炼你在剩下 20% 和 70% 中学到的知识，并将他们转化为更好的业绩表现和工作成果。在你继续参加课程或与你的领导者交流之前，先把这些写下来。你会注意到本书每一章最后都有“个人计划”部分，这一部分就是潜移默化地引导你构建一个 70 – 20 – 10 计划。最有效的学习和自我发展都是有意识地基于经验的学习计划进行构建的。

五大关键“学习时刻”

在 2010 年美国培训与发展协会基准管理论坛上，我遇到了微软前学习战略总监鲍勃·莫舍。他所做的工作（同康·戈特弗雷德森一同完成）让我眼界大开，使我意识到另一个自我和他人发展中的重要元素：一旦你开始学习一些新的东西，在精通新技能之前你会遇到五个关键的“学习时刻”。每一时刻都要求使用不同的工具和资源来保证你顺利完成任务。

时刻 1：“第一次学习某事时。”这是最明显的学习时刻，大部分培训项目都做得不错。其他 20% 和 70% 的学习将会帮助强化吸收这些最初接受到的知识。

时刻 2：“当你想要学习更多时。”与时刻 1 相比，学习者希望能够更加深入广泛地进行学习。

1. 对这一时刻来说，搜索引擎（谷歌、百度）是最经常使用的资源之一。

2. 导师或者专家是另一大常用资源。

下面三个时刻则是很多领导者和培训策划者遗忘的，他们会忽略进行针对这三个时刻的实用工具设计。

时刻 3：“当想要记住或者应用时。”这是在工作中你需要应用某个技巧或者答案来获得成功的时刻。当你构建自己的发展计划，或者帮助他人策划他们的发展计划时，请为时刻 3 准备一些工具，比如工作辅助工具、核对列表，或者能够快速查阅的联网手机程序。

时刻 4：“当事情改变时。”当我们与系统、进程这些东西打交道时，我们常常会遇到意想不到的障碍。你需要时刻确保你所有的应急资源（包括你的“人力”应急资源）都是可用的。确保你拥有技术手册、故障排除指南，或者 24 小时客户服务热线，来帮你度过时刻 4。

时刻 5：“当事情出错时。”在时刻 5 我们可以使用一些和时刻 4 相同的工具，但是你依旧需要关键性支持来帮助你解决危机状况。你可能会需要准备一个紧急情况应对列表及流程，或者一个基于多种偶发事件的预先确认反应方案。

身为一名追随者和各种任务的负责人，你应该清楚地意识到上述这些行为准则的重要性，它们能够帮助你打造你所需要的工具，提高你自己和你同事的工作绩效。身为一名通过自己的职业技巧和领导力技巧来进行个人发展的人，你应该在构造你的学习计划时将这些行为准则考虑进去，这将会确保在你经历这五个关键时刻时能够得到足够的支持。

充分掌握学习灵活性

在你掌控职业生涯的前进方向时，你需要理解“学习灵活性”这个概念。那些具有高学习灵活性的人是更好的学习者。这并不意味这些人一定比他人更加聪明，但是他们能够“将点连成线”：将看起来不相关的信息联系在一起并且合成提炼出重要的见解。

拥有学习灵活性的人通常会使用更多的方法来进行学习，同时他们对于新材料、新信息具有发自内心的好奇心以及分析欲望。这种好奇心引领他们去探索去考察那些需要开放心态才能进入的领域。他们能够通过经验进行学习，并且将之应用到新环境类似的情况中。高灵活性学习者对歧义更加宽容，并且能够运用批判性思考技巧来适应不断变化的情况。此外，他们本身也更倾向于“灵活多变”，他们能够倾听，能够迅速审视他人，并且能够以一种健康合理的方式适应指导上的冲突，同时获得更好的工作成果。

其实，美国商业界已经寻找到了一个庞大的人力资源库，那就是雇佣退役初级军官作为入门级领导者。这是因为军队在教授学习灵活性上是出类拔萃的。典型的军队早期职位轮换制度，会将一名初级军官安排到一个他没有相关教育背景和工作经验的职位上。一名军官离开原有职位时替补者经常还未到来，所以替补者能够（从前任那里）获得的职位信息很少，没有人会告诉你该如何去做。这种情况经常出现在地理性迁徙、强迫进行房屋买卖并移动家居用品及车辆到一个陌生的城市等任务中。在这过程中，低级军官必须快速学习如何工作，并且能够拿出至少与前任一样好的工作成果，这通常要在 2 ~3 年的时间内完成，然后在比接手时更好的情况下离开这个职位，继续转移到下一个职位。在 2 ~3 次这样的工作转移后，军队就已经创造出了一个高灵活性、能够根据实际情况进行迅速高效反应的军官。我还记得通用磨坊中与我共过事的一位老员工和一位新进前初级军官进行的对话，对话内容是关于新员工入职流程以及为了适应企业而做的学习转变。通用磨坊的老员工说道："工作变动，新工作，新员工，新期望，这些真让人喘不过气来。"前初级军官回应道："波斯尼亚防空网才让人喘不过气来。你说的这些仅仅是进入一段新的冒险而已。"这就是学习灵活性的精神！

对于长期成功来讲，学习灵活性是比智力还要好的成功指标，因为智力并不代表获得新行为和新信息的能力。好消息是，学习灵活性是可以学习并且提高的。当你进行个人发展计划时，请努力让自己成为一个高灵活性的学习者。这里还有一件事可以让你做，光辉国际称之为"GAG"，也就是"违反常理"：你需要在做事时特意挑选不同的方法，或者特意做那些你从没做过的事情（在工作需要你这样做之前）。此外，你还需要学习不同的商业事务，寻找新的信息源。如果你阅读《华尔街日报》，那么你可以考虑换成《经济学人》或者《伦敦金融时报》，你也可以要求更换到你专业以外的职位；你可以开展一个项目去解决一个长期存在的棘手问题，并且力促它的完成，你可以阅读一本你不熟悉的思想家著作，并且将书中内容与你现有工作联系在一起。

你还可以参加一门看起来与你工作无关的课程。史蒂夫·乔布斯曾经赞扬了他在大学时突发奇想参加的一门书法课，这门课给了他灵感，让他为苹果电脑创造了多样的字体。善于灵活学习的人能够寻找各种不同的想法以及体验，来学习新东西并且把新知识与自己生活工作中各种“常见”问题联系在一起。你可以训练自己，通过做不同的事情来让自己获得更多的灵活性。

奶酪动了——做好准备

斯宾塞·约翰逊 1998 年最畅销商业类寓言图书《谁动了我的奶酪?》为我们上了好几堂关于做好准备适应改变的课程。这本书用一只生活在迷宫里的老鼠作为比喻，而它们的“奶酪”则代表了生活中的经历体验。迷宫中的奶酪会不定时地移动到其他地方，这种移动看上去是没有任何模式可以遵循的。书中这几课都不断强调同一个道理：“永久不变的只有一件事，那就是改变。”你职业生涯的奶酪也会移动，那你要如何准备并适应这种改变呢？当你的奶酪移动了，你的反应态度将会决定你是否能够成功寻找到走出“迷宫”的那条路。

我的生活经历过好几次无法预料的转折。命运，或者运气（不管你相信哪个）将会移动你的奶酪。世俗扭曲的命运在 1991 年让我参加了臭名昭著的尾钩会议。我知道一些人的海军职业生涯受到了这次事件的影响，无视他们在这声名狼藉的事件中是否有错。那时我被指派到通用磨坊的餐饮事业部，这是我第一份市场营销工作，取代了我原来在一家高知名度的零售渠道品牌的工作。而我在第一年遇到的第一个挑战，是约翰逊·维尔香肠公司的新任香肠品牌经理正在说服销售团队以及顾客接受提价——而且不止一次，是两次，原因是当时猪肉价格创下了历史新高。

每一次我的奶酪移动了，我会很快地适应并且调整自己的态度，专注在那些能让我被他人承认是“最佳”的工作上。通过这些经验我建立了友谊和自己的职业道路，这些东西是如此珍贵，就是用全世界我也不会换。

寻找你的“声音”

为什么你要做今天的工作？为什么你的工作要做这么多或者这么少的事？为什么你的工作在朝着你职业生涯之路上一个特殊的目标前进？这些有意识的选择是建立在偏好上还是天资上？这些选择是来源于你的梦想吗？或者来源于他人对你的梦想？你是否进入到你的工作领域后发现与你的预期大有不同？

史蒂芬·柯维博士在《高效能人士的第八个习惯》中解释了他称之为“声音”的概念。你的“声音”是你“对世界做出的独一无二的贡献”，其中包含了四个元素：你真正擅长什么？你喜欢做的事情是什么？你发现哪里有空缺需要填补？以及，为了让世界变得更好，你的良知呼吁你去做什么？想象一张由四个（上述问题）答案的圆圈构成韦恩图，在四个圆圈重叠的地方就是你能够为世界做出独一无二贡献的地方。

你的工作应该和你的“声音”是一致的。你能够在你的“声音”外取得成功吗？当然可以。无数人都是这么做的。但是那些最成功、最自足的人的工作充满了大于他们个人的理想和愿望。当我们被工作填满时，那感觉应该是即使没钱拿，我们也愿意去做。那些能够通过自己喜欢的事情谋生的人是这个世界上最幸运的一群人，而我有幸成为这些人中的一员，这全要感谢唐·麦克亚当斯。

唐那时是约翰逊·维尔香肠公司的组织发展与学习总监，而我是约翰逊·维尔热狗的品牌经理。那时候乐趣很多：我制作电视广告，在纳斯卡赛车赛场、超级碗、美国职业骑牛大赛等重大赛事上招待公司客户和合作者们，并且与体育明星及知名大厨这些品牌代言人一起工作。我甚至和杰西卡·辛普森一起在主持了一场好莱坞电影首映会！当时唐问我：“你是否帮助约翰逊·维尔培养更多的领导者呢？我们只是在这里吃午餐，这只是一场普通的对话，但是我想知道你是否愿意考虑一下加入我们的团队，帮助我们打造一支充满更深层领导力人才的团队？你热爱领导力，因为你总是和我谈起它，比谈我们的香肠生意还要多。”

这是多么棒的邀请啊，它改变了我的人生，为我打开了通往企业培训和人力绩效咨询之路的大门。唐在我身上看到了一些我自己无法看到的东西——因为我的注意力全被市场营销中那些耀眼的部分所吸引。那一天，我对他说“我会辞去我在约翰逊·维尔的市场营销工作，重新开始我的职业生涯”后，我加入了组织发展与学习团队。我从一个重要的职位上离开，开始了一段新的职业旅程，而这段旅程带给我的影响力却要比原来的工作多得多。它给我了全面发展我天生才能的机遇，它不图回报地赐予了我“我的声音”。

或者这听起来像陈词滥调，但是正如罗伯特·弗罗斯特诗中所写，“未选择的路”是寻找你的“声音”的最强有力的忠告，然后你要将这条“未选择的路”转化为你的谋生之路。

也许多少年后在某个地方，
我轻声叹息将往事回顾，
一片树林里分出两条路——
而我选择了人迹更少的一条，
从此决定了我一生的道路。

为了达到卓越——为了将技巧、热情以及努力转化为真正的“卓越”——你必须让你的工作和你的“声音”取得一致。

成为一生的学习者

在约翰逊·维尔香肠公司，学习和专业发展成为了难以置信的坚强后盾，其中原因有好几个。从实用性上来讲，是因为在正确的学习与发展项目上投资，会为企业带来更好的业绩。另一个原因是雇主觉得在道德上有义务给予约翰逊·维尔的员工们发展自身技巧的机会，以防他们哪天不在约翰逊·维尔工作。拉尔夫·斯德尔曾经公开讲道："我无法向你们保证约翰逊·维尔会永远存在，谁也不知道未来会发生什么事情。但是我向你们保证，我会投资更多能够帮助你们提高自身技能的项目，这样即使你们不在约翰逊·维尔工作，你们也能够继续养家糊口。没有人可以把这些技能从你们身上拿走，永远也不能！大部分公司使用员工来打造他们自己的生意。而我们则是用我们的生意来打造员工。"拉尔夫成功地创造了一个环境，在这环境中那些聪明的、适应性强的老鼠将做好面对奶酪移动的准备，不管迷宫如何变化，这些老鼠都灵活多变且渴望成功。

不管你现在身处职业生涯的哪一阶段，请认识到一段"职业生涯"只是一个 8 ~ 10 年的时期，在这期间你将会学习并且经历那些你从未预料过的事情。唐·麦克亚当斯帮助我看到了隐藏在这些职位背后的原理，正是这些道理让我总是能够精通并教授他人知识，让我总是能够腾出时间来帮助他人。我发现了一个全新的可以改变我一生的职业生涯阶段，这是因为我能够接受新信息和新的人际关系，而正是这些将我带到了一个全新领域。

使用"领导力透视镜"的技巧审视你的职业生涯，意味着你要对你自己的职业生涯负责。你是自己职业生涯最好的指挥官，当你能够将你喜欢的事情同你真正精通的事情合二为一，并且受到你良心的召唤，为改善世界尽一份力时，你就能够成为最好的、最幸福的那个人。

总结和练习

章节重点： 职业生涯是一条长约8~10年的线段。不要让领导力成为职业生涯的附属品。你要有意识有策略地对待职业生涯的变动。你要提高你自己的学习灵活性，这样才能够做好准备，去应对那些你无法控制的职业变动。

重点应用： 你必须开放对待新信息和人际关系，这些东西能够影响你、引导你进入职业生涯的下一阶段。你要不停地思考、寻找一种方法，将你的技能、热情和“良心召唤”统一起来。你可以使用你公司人力资源部门的现有工具，以及本章最后的“扩展阅读资源”来提高自己，这些能够帮助你更有意识更有策略地对待你的职业发展，让你在漫长的职业生涯中更开心，也更成功。

个人计划：

为了使用战略意图来指导我的职业生涯管理，我要学习/阅读/研究__________。

为了得到更多的专业见解、指导和建议，我会与__________进行联系。

我会要求__________来监督我，帮助我保持对__________的责任。

为了获取那些我尚未完全掌握的要素/能力的相关经验，我会在__________（日期）之前去做__________。

3
培养你的人脉

从他人身上学习，是他人送你的礼物。我很尊敬这份礼物，所以我用我自己来培养它。

——马友友

好的对话就像一杯黑咖啡一样刺激，同样过后也会让你难以入睡。

——安妮·默洛·林德伯格

不管你现在身处领导力或者职业生涯的哪一阶段，你都应该有意识地主动培养你的人脉。这里我说的并不是不分职业地狂收名片，或者向处于你人脉外围的人含糊地询问几句关于他们孩子的问题。我的意思是，你应该养成毫不吝惜在他人身上花费时间的习惯，让他人意识到你们的共同利益，并乐于用他们的自由时间对你进行真诚回报。

杰出的人脉制造者不仅仅是“会做人”的人，弗兰克·伦茨博士称他们为“以人为本”的人。在 2011 年的《赢：从平凡到卓越》一书中，伦茨解释了什么是“以人为本”的人。“以人为本”意味着你知道他人行动的动机：“在与他人的互动中，持续不断地去寻找个人意义与利益。这并不是因为他们是自私的，而是说明他们总是专注于通过学习他人来达到自己的目标。”

牢记 70 - 20 - 10

就像我们在上一节中看到的，你从他人身上学到的东西是你从传统学习渠道（比如课程、研讨会、书本）学到的两倍还要多。在今天这个永远在线的社交世界中，我打赌从人脉中学习知识的比例已经远远大于 20% 了。这种非正式的社交化学习对提高你的工作表现来说也会更加高效。企业执行委员会公司 2002 年“对学习与发展功能兴起的授权”调查显示，从导师与同事那里学习获得的表现提升是传统学习项目的三倍（9.6% vs. 3.2%）。

如果你对了解他人不是真心感兴趣，那么你无法成为一名真正的团队贡献者或领导者。戴尔·卡耐基教导我们“关注他人，而非以自我为中心”，其他数不清的作者和课程告诉我们，不能仅仅去“做”，而是要自然地“成为”：要成为一个对学习他人充满好奇心的人，对他人如何克服困难都充满好奇心；成为一名倾听者和学习者，能对任何人、在任何意料之外的地点和情况下都能保持开放态度进行学习。拥有最高学习灵活性的人会从中选取迥然不同的智慧结晶为己所用，并且将它们与自己的需求及问题结合起来。

加入一个比你优秀的团体

在我家当地的民用空中巡逻中队中，我是一名志愿飞行员兼青少年导师。民用空中巡逻队是空军承认的官方辅助者，其飞行员要完成大约全美 95% 的内陆搜索和救援任务。民用空中巡逻队同时还有课程任务，目标是 10 ~ 20 岁的军校学员。对于年轻人和他们居住的社区来讲，这是一个巨大的青年发展优势资源。

有时，我会就民用航空巡逻队的招聘、信息普及与家长们进行谈话，每次谈话时我都会撩人地说："你知道，所有孩子最终都将加入一个团体，毋庸置疑。这是一种巨大的人性动力，尤其是在躁动的青春期，其目的是寻求他人的接纳与肯定。"说到这里我会停顿几秒钟，然后继续说道，"民用航空巡逻队是个好的团体，能够帮助你们规范儿女并将他们打造成自信的未来美国领导者。你们愿意让他们加入这样的团体吗?"其实，即使最内向的成年人也会加入团体。那么，你会加入哪个团体？这里我建议你加入公司中最优秀的那一群人。

在海军学院第一年，我开始受到学业上的挑战时，我学到了团体这个理念的第一课。化学课超出了我的学习能力，但是因为座位安排我很幸运地成为了詹姆斯·巴卡的实验室伙伴。詹姆斯在化学课所有事上都与我不同，他聪明、一丝不苟并且经验丰富。而我，则很不擅长化学，但是我很喜欢去做那些带有激烈反应的化学实验，并为之写报告做幻灯片，而且我也丝毫不介意去鼓捣那些枯燥的数据。我们拥有可以互相辅助的能力，是一对完美的实验搭档，或者说至少我们都愿意去做另一个人不愿意去做的事情。结果，不仅我的试验成绩提高了，詹姆斯也教会了我很多课堂学习原则。如果没有他，我不得不额外花费大量时间进行学习。詹姆斯愿意去做实验室中那些最耗费时间的工作，可是时间对他来说也是十分宝贵。因为好运，我发现了一个人脉理念，这个理念在二十五年后的今天对我来说依然珍贵无比，这个理念就是：寻找那些高成就者，哪怕他们只比你好一点点，重要的是他们要和你有所不同。在那之后，我一直使用这个原则来选择我的学习及实验室伙伴。此后，我顺利地结束了我在飞行学校的学业以及我在飞行中队的日子，这一切都要归功于我选择加入的团体。

在这里，我并不是鼓励你以不诚恳待人或者去操纵别人。你应该打造的，是真诚的、双赢的关系。斯科特·钱德勒，我在 MBA 课程中的忠实伙伴，到现在也一直是我最好的朋友。我们俩在天赋和喜好上是绝对的互补，对于学习伙伴来说这是额外的好处。当我从市场营销转换到了组织发展与学习领域时，我找到了蒂姆·阿伦斯作为我的"另一半”。对于你的伙伴，你要渴望并且擅长他所不擅长（或者不想做）的那些事物。当需要填补你的领导者的专业空缺时，追随力技巧也是必需的。

找到一位导师，成为一位导师

你可以找到许多关于导师与指导的优秀书籍。你需要做的，是找一位“最佳”导师，并以一种尊重的方式来缔结师徒关系。当然，你还要考虑在交流中双方之间的关系：你能为你的导师提供什么？你怎么让导师觉得在你身上花费的时间是值得的？同时，你还要明确你的期望、牢记导师的日程安排以及你所寻求指导的策略。你要从你导师身上学习那些你无法从同事身上学习到的东西。在建立师徒关系时，最重要的是你要时刻虚心接受导师的指导，哪怕有些内容你已经听过不想再听，或者有些内容与你的世界观价值观相冲突。

在海军空军中队最后的一段时间里，一位导师给了我一个相当棒的职业管理建议，但是我却将他的建议丢到了脑后：宾·伦吉尔在我身上看到了一些我自己没有看到的东西，并且试图指导我，但是我根本没听进去。那时，我已经下定决心，在下次飞行之后就辞职并离开海军。这时宾跟我分享了他的看法，告诉我为什么他觉得我应该留在海军并且以此为正式职业。他给我的忠告是，职业价值的转换不仅仅会给我的职业生涯，还会给我的生活造成巨大的冲击。当时如果我能带着更开放的心态去接受他的劝告，我很可能选择再做十年的海军飞行员。现在，宾依旧是我的好朋友，而且我一直使用我们的这段轶事来教导学员，告诉他们导师观点和建议的重要性。

导师并不总是身处组织高层的领导者，或者比你更具权威的人。导师，是任何拥有职业智慧（专业技能、对人类行为的见解、技术培训或者政治头脑）并且对你有益且愿意跟你分享的人。

世界上最强劲的导师关系莫过于高级军官与他们负责的下级军官。

一位年轻的海军少校或者空军中尉，单从职位上讲其级别比一位士官（如军士长、上士）要高，但是年轻的军官很可能傻乎乎地什么都干，就是不认真倾听，不心怀感激地接受士官的建议，不通过勤勉工作赢得尊敬。那些士官就身处一个强大的角色之中：他们凭借其独特的角色，以导师的身份为上级、下级以及同事们提供服务。

这种独特的导师关系并不仅仅存在于军营。这些经验丰富的士官们存在于这世界上每一间办公室、每一家工厂之中。他们是影响者：他们可能是那些广受尊敬的工头，可以左右工会干事的行动决策；可能是经验最丰富的区域销售代表，凭一己之力就可以推动突破性产品的开发。不管在你公司中这些潜在的导师是什么类型，你都需要找出他们，并且至少与他们中的一人建立起互惠互益的学习关系。

我收到的最有价值的一条建议是："认真倾听那些比我年长 20 岁的人，还有那些比我年轻 20 岁的人。"我认为这是一条非常实用的导师关系指导意见。

向你的人脉求助，并且忠诚于你的人脉

在约翰逊·维尔香肠公司的领导力发展计划中，我们为场景案例和仿真模块设计的工具之一，是当学生或其工作组需要时为其提供不公开的帮助，这么做是为了培养学生们寻求帮助的习惯。人类天性就是如此，大多数人不会从人际资源这口深井中取水而喝，其实只要你要求就可以。

如果你处于职业生涯的早期，可能尚未遇到过真正需要求助的情况，我说的是，"伙计，我真的搞砸了"或者"我不知道我的职业生涯明天是否还会存在"这种情况。虽然身处弱势让人深感不适，但是总会有你需要他人的时候。职业生涯路漫漫，即使你是意气风发的顶尖精英，身处财富五十强公司或者华尔街知名投资公司，在漫长的职业生涯中你也有需要他人帮助的时候。你需要培养坚实的、可以获得支持的关

系，在需要时他人会对你进行个人投资。当他人求助于你，你又有能力提供帮助时，你必须去做。他人会记住你的恩德。你身为追随者和领导者的声望会增长，你会获得知心密友、睿智顾问、问题解决专家这些好名声。

“对人脉中的那些人忠诚”，这不是可选项，而是必做之事。时间最终会向你展示，不论公共还是私人层面的忠诚，二者都是十分重要的。我记得在一个公开场合，某人对克林顿时代的劳工部长罗伯特·B. 莱克公开评论发表意见。当时这个人在一个唱诗班进行宣讲，谈到莱克最近写的某篇文章时，他评论莱克是个“蠢蛋”。这场对话就发生在拉尔夫·斯德尔——约翰逊·维尔香肠公司的CEO——的面前。而拉尔夫是一名非常保守的政治活跃分子，他积极向上、聪明，喜欢成为他人关注的焦点。拉尔夫本可以通过赞同这个评论来博取听众们一笑，并轻易地获得这群保守党的喜爱。但是莱克部长是拉尔夫职业和人脉中的一部分。我永远无法忘记拉尔夫对评论者的回应：“不，你说得不对。我认识鲍勃·莱克，他是个聪明的人，我很尊敬他。他只是结论上出错了而已。”拉尔夫对他的人脉亲切而忠诚，决不因为博取听众的喜爱就背叛自己的人脉——哪怕是在私人公司中。

当你在为8~10年的职业生涯寻找道路时，你能做的最重要的事情就是扩展你的人脉。使用“领导力透视镜”审视你的职业发展和你的领导潜力，你将会发现你培育的人脉为你带来的回报远超你的想象。人脉中的成员将会通过自己的智慧与客观视角来激发你自己的创造力，帮你完成挑战。他们将会在你需要时指点你，为你提供真正的帮助。当你获得伟大成就时，他们会由衷地为你感到自豪和骄傲。他们会同情你关心你，在你真正需要的时候帮助你安慰你。当你达成了有价值的伟大成就时，他们还会毫不吝惜地称赞你，并引以为自豪。

总结和练习

章节重点： 你在人脉中学到的知识是你从传统渠道学到的两倍还要多。

重点应用： 你必须加入某个团体，团体中的伙伴会帮助你扩展你的能力，他们的技巧和表现应该与你互补。其中一些团体还应该挑战你的发散式思维。你在寻找导师的同时，必须也以导师的身份指导他人，同时肩负两个角色会让你的人脉结合并且更有效率地运行。此外，你还可以从你同事的同事那里寻求指导。你必须打造真诚、长期的、能够帮助你度过你所有职业生涯的关系（不是那种只在领英上添加联系人，好像在电子游戏里获取分数一样的关系）

个人计划：

为了学到更多关于人脉和师徒关系的知识，我要学习/阅读/研究__________。

为了得到更多的专业见解、指导和建议，我会与__________进行联系。

我会要求__________来监督我，帮助我保持对__________的责任。

为了获取那些我尚未完全掌握的要素/能力的相关经验，我会在__________（日期）之前去做__________。

4
拥抱改变：成功总是赢在转折点

男子汉必须被教导，就好像你从未教导过他一样，接受未知之事时，就好像你只是将其遗忘一样。

——亚历山大·蒲柏

如果你不喜欢改变，那么你会变得无关紧要，或者更糟。

——埃里克·新关将军，陆军参谋长

丹尼尔·笛福的《鲁宾逊漂流记》中，在“绝望岛”上有这么一幕：当时鲁宾逊已经处于精神和肉体上的最低点，他饥寒交迫并且独自一人，最糟糕的是，他意志消沉毫无动力。当他即将丧失心智彻底疯狂之时，他发现了一些实用的生活物资、材料。有了这些物资材料，他就能改善他生存的环境，让自己继续活下去。鲁宾逊应该在发现材料的那一秒就兴奋不已才对，但他没有这样，他不确定应该去做什么，犹豫不决是否应该收集这些已经近在咫尺的救命物资。笛福援引了 17 世纪罗伯特·魏尔德的箴言解释这一幕：“突如其来的快乐，也会如同悲伤，让人一开始不知所措。”由此可见，即使在生死攸关的时刻，人类还是会下意识地抗拒改变。

美国《独立宣言》中是这样对其进行描述的："只要尚能忍受，人类还是情愿忍受，也不想为申冤而废除他们久已习惯了的政府形式。"

马克·吐温则说过："唯一喜欢变化的人是刚出生的婴儿。"我相信这句话，因为所有的改变都涉及悲伤，并且启动了人类天性中竭力避免改变的防御机制。所有的改变都涉及未知，所以所有的改变都会让人感到伤心。对此，"变革管理"一词显得有些不当，我们应该称之为"悲伤管理"，因为这通常是一个悲伤的循环期：在否定期随之而来的是愤怒，然后进入了精神和情感的反复期，这一时期出现的是深深的悲伤，这是因为损失及变化已经被完全接受。

对于那些身兼追随者和领导者二职的人来说，精通如何促使他人改变的技巧是必需的，那些最好的追随者和领导者们还能够通过改变来管理他们自己：即他们既能够帮助小组中的他人应对改变，在新阶段获得高绩效，同时还能够通过创造变化来维持企业的平稳甚至提高企业业绩。

改变是一种不一样的事物

一些专门进行变革管理的大思想家写了不少关于此内容的优秀书籍。本节的目标，是给你一些能拿来就用的意见和工具，这些意见和工具将帮助你渡过那些带来变化的事件，提高你身为追随者和领导者的效率。

威廉·布里奇斯为我们带来了一种十分重要的构想，通过它我们可以充分理解"变革管理"。"改变"是一种不一样的"事物"：新政策强迫你乘坐公司的首选航空公司；市区新桥梁的建设施工让你不得不费时绕行；或者你现在必须向生产运营部门报告你每天的任务，但是年检和工资奖金却由公司财务部门负责。这些变化都是外部事件，并且通常都是有形的、明显的。

每一个新的开始都来源于其他开始的结束。

——半音速乐队

“过渡”是一个应对“变化”的心理过程，是在内在（心理）发生的，是极度个人化的。人可以经历相同的变化（比如对航空公司政策的改变），但是过渡却会大相径庭。因为这个原因，布里奇斯颠倒了处理过程：我们称呼一个进程的起始为一个新的“开始”，但是布里奇斯模型却起始于某些事物的结束。一旦人们意识到这点，他们能够很快完成内部（心理）接受进程，并且通过适应新的情况来“结束”他们的过渡期。

这里最需要你记住的是，你能够管理变化（因为变化是外部事件），但是你必须引领他人完成他们的过渡（因为过渡是内部事件）。

人类天生抗拒改变

人是复杂的，这里的“复杂”是什么意思呢？我的意思是，人是可能变得毫无逻辑、毫无理智的，尤其是当他们的利益面对巨大变化时。人类倾向于过高估计改变带来的负面影响，低估正面影响。因为我们有着奇妙的心理结构，我们会将发生在自己身上的坏事都归因为外部事件的影响，而把改变带来的好处都归功于自己。人是复杂的，但是如果你真正接受了这一点，并且决定无论怎样都帮助他人获得成功，那么你将会遥遥领先于那些尚处于过渡中的领导者。

我曾经经历过的一堂课依旧让我记忆犹新，那是在我中西部的家乡——一个拥有五万人的小城镇，威斯康星州的希博伊根——担任市议员的两任期间。那堂课让我了解了当人们遇到与自己利益相关的事情时，会变得多么的不理智。

像 21 世纪初期的许多自治地区一样，希博伊根也曾经经历了一段金融动荡期：公共雇员福利计划的费用已经成为了一个无法继续的沉重负担，而高失业率以及国民经济问题阻止我们使用上调税率作为短期应急计划。人们无法承受再多的税款，而且我也相信我们已经失去掌控，不应要求他们这么做。

在两年中我曾几次呼吁，解释我们的财政状况已经让我们别无选择，我们需要我们的公共雇员联合会了解我们已经进入了一个不同的经济时代，公共雇员福利计划应该停止或削减。我找到那些在不同群体中具有影响力的市民们来支持这个信息：我们不能在本市升高税率，因为一些商家已经离开了这里，而且失业率也已经接近 14%。但公共雇员联合会不愿改变想法。那时，他们对人性的理解远超于我。他们继续重复他们的观点，谈论消防员、警察和教师的工作是多么辛勤，而我却在大谈财务数据和养老金负债增长率。我努力工作，想为每个家庭一年省下几百美金，但是我的回报是什么呢？除了市政会议厅里的蟋蟀叫声，什么都没有。

> 星巴克不是一家为人们提供服务的咖啡公司。它是一家为人们提供咖啡的服务公司，而人类行为比任何松饼食谱或者营销战略还要具有挑战性。
>
> ——星巴克创始人霍华德·舒尔茨

这些财务数据无法引起市民们的重视，但是你知道什么事情却让我们这个小城市政府陷入了混乱吗？这里的混乱，是指来自密尔沃基和绿湾站的电视报道——48 小时内 200 名穿着抗议 T 恤的举牌抗议者的游行。你能想到是什么造成了人群在大街上拥挤乱喊、市政厅里水泄不通的情况吗？答案是：因为一只特殊品种的狗追随并袭击了一个小男孩，由此提出了一项关于限制饲养标准以及遛狗地点的提议。

人们可以无视财政状况，对每年自己可以省下好几百美元税费毫不关心（我们几乎没有得到任何市民对此的回应）。但仅仅是限制一个小品种狗种的特定行为的提案，反而能引来动物保护主义者带着农叉和火炬涌进城里！

人性真是复杂得很啊！

你如何与他人就改变进行沟通

从此，我不再低估人们对袖珍读本的热情产生的能量，或者他们对于改变的抵抗力量。当你和他人谈及改变时，不管你的道理多么充足或者掌握了多少实际情况，永远不要相信口头劝导就能够完成任务。伟大的行为学家阿尔伯特·班杜拉的研究结论告诉我们，口头劝导在引领关于改变的过渡谈话中是效果最差的。取而代之，你应该寻找到一种能够让他们亲身体验变化的创新性方法。理想情况下，你可以创造一个环境，在这个环境中他们能够体验到不改变带来的负面影响以及拥抱改变带来的正面效益。如果你无法将他们置于一种这样的环境中，那么你应该试着去创造班杜拉称为的“深度替代经验”：你需要讲述一个对人性产生直接影响的凄惨故事，内容当然是关于没有变化的未来是多么的痛苦可怕，你还可以使用视频或者音频使之更加具体化形象化。同时，你还需要指出那些可能受到影响的“潜在受害者”，以及那些难以预料的、在新情况下会出现的赞助人。

谨慎的言辞让改变易于接受

乔·加利是作为一名变革代理人进入纽威尔集团成为其 CEO 的。福布斯杂志称他为“呼啸的苏丹”，因为对他不负众望，将纽威尔集团这个难以控制的重型卡车改变成一台灵活高效的新产品制造机。他没有说“我们必须停止这种方法，不能因为‘一直以来都是这样做的’而盲目继续”这种话，他使用了带有极度期望的、积极的语句来描述未来："我们之中没有人想被这种愚蠢的一致性困住，尤其是在我们能够同心协力创造一个全新的未来时，到那时全美每个家庭里都会有几件三年前还不存在的纽威尔产品。""愚蠢的一致性"，多么绝妙的词汇选择啊！

当纳斯卡在21世纪第一个十年的中期处于飞速增长的顶峰时，其创始家族的控制权转换到了家族第三代——布莱恩·弗朗斯身上。布莱恩意识到，车迷们会因为他的年轻而怀疑他，警惕他想要对纳斯卡进行的改变。于是，他告诉大家他并不打算去改变纳斯卡的任何部分；他要做的是"使传统更具现代化气息"。对一个受到传统约束的行业来说，这些措辞的选择无疑是睿智的，他不仅传达了他想要留下自己印记的意向，同时也忠实于这些由他人所创造的、被深爱的历史与文化。这也表达了他对车迷们以及车迷们的过去的尊敬。

言辞的选择可以绘出不同的图画。我在市场营销领域时，认识了一位富有创造性的广告公司主管——彼得·特雷塞而。彼得想要使用一些激烈的信息变化来推广我负责的品牌（我们想要增加品牌关联性以及品牌偏好，这样做能提高销售量）。但是品牌经理普遍厌恶做事太过头，生怕损害了品牌价值。

彼得想到了一些好主意，他希望我能保持开放的态度去倾听。他是这么说的："科里，我希望能给这个品牌增加一些妊娠纹（扩展性印记）。"当时我就被这出乎意料的搞笑以及充满心理黏性的想象图震住了，然后大笑不止。这使得整个谈话充满了开放的、融洽的气氛，而且他的意见也被我很好地接受了。谨慎地选择你的语言，可以增加你的受欢迎度，让他人更易于接受你的新想法和建议。

激励他人改变的秘密："六源"工具模型

这就是我说的秘密：你无法激励他人。我知道你现在感觉很无语，没说错吧？

你可以做的是寻找那些可以影响他人动机及适应变化能力的力量，然后围绕这些力量进行行为支持，目的正如《影响力大师》的作者所说：“超量增加成功的必然性。”

《影响力大师》是一个围绕着六源影响力模型构建的过渡领导过程。就像其他变化管理模型一样，一开始你要详细介绍具体信息以及你希望改变带来的可量化结果。然后你需要确认一些“重要行为”，这些行为对于改变的掌控以及最后的成功是必需的。你还必须明确一切“关键时刻”，在这一时刻人们会发现他们处于一个抉择点上。一个“关键时刻”会强迫你选择去做或者不做那些改变需要的“重要行为”。通过明确地确认关键时刻以及获得成功的关键行为，你将会赋予人们力量，让他们能够命名自己所面临的挑战；通过命名，你可以进一步减少他们对必要改变的抵制力量。

简洁的“六源”工具模型的设计非常简单：一个 2×3 的表格。

	动力	能力
个人	资源 1 个人动力	资源 2 个人能力
社会	资源 3 社会动力	资源 4 社会能力
组织	资源 5 组织动力	资源 6 组织能力

VitalSmart 2005 已获得允许使用，禁止复制或移为他用

在判断阶段，你要考虑表中的行为、力量以及它们对于某人的意愿（动机）和能力造成的影响，以此为基础来选择并实施“重要行为”，同时你还要考虑人们以及围绕他们的非人力量产生的影响。

资源 1 ——个人动力

改变或者新的行为如何影响他人？它会带来更多的个人乐趣和个人满足感吗？它能够帮助这个人完成（或者协助他帮助他人完成）那些困难的或者高尚的事吗？

对于成功的过渡管理来说，关键是那些“获胜”的人的个人动机能够帮助他获得事业上的成功，或者至少能够调整他们自己的个人行为，来迎合改变的需求。通过将改变与个人及整个组织的更美好未来联系在一起，更多的人会选择加入改变这一队。

当你将改变带到一个人或者一个团队中，而这个人的表现又无法达到预期时，责备他的个人动机是件很容易的事。作为人类，我们几乎是被设计成这样做的。但是对于人们为何无法快速适应改变这个问题，还有五个其他原因。六源模型的重要性就在于，它能够迫使我们去发掘其他的障碍，以便于我们移除。然后他们的新行动就可以获得成功了。

资源 2 ——个人能力

这些人是否经过了全面的培训，配备了恰当的装备来开展新的活动？如果经过培训，他们是否在工作场所展示了他们对新活动的掌握与精通？他们是否具有精神或者身体上的障碍，可能会阻止他们履行使命或者遵守新的公司政策？

如果你要将变化带到团队中，你就应该同时为团队成员带来相应的培训项目、设备以及其他他们展开工作需要的工具（比如核对清单、提醒列表等等）。

资源 3——社会动力

资源 3 的重点是“人际压力”的力量。我们普遍倾向于将同辈压力理解为一件不好的事情，但是在过渡领导时期，你应该将这种压力作为动力，激励那些适应变化行为的产生。人们是否在发声？是否在影响他人去做“对的”事情？是否在看到队友甚至团队领导者“犯错”的时候能够及时提醒？

资源 3 是关于团队的自我责任的。去除了领导者这个“坏警察”，资源 3 使用整个团队的能量来鼓励他人去做“正确的事情”，避免“错误的事情”。

资源 4 ——社会能力

人们是否在需要时都能够帮助他人？他们是否能够为他人提供帮

助，哪怕这不是他们本职工作分内的事？他们是否能够按时完成工作，以便让工作流上的下一个人能够按时进行他的工作？身为一名领导者，你是否给予人们工作必需的情景训练？在你需要的时候，你是否从你的上级及你的同级伙伴那里获得了帮助？

资源 3 和资源 4 是使用人脉来保证人们有意愿并且有能力在变化/变革中进行顺利过渡。

资源 5 ——组织动力

在这里，“组织的”指的是非人影响力。资源 5 要求我们检验那些能够产生动力的激励机制是否到位。

首先，你是否将注意力主要集中在提升资源 1 和 3 上？这些力量可是远远强于资源 5 中“奖励的力量”的。你要确保你将人们的个人动力，与他们重要的事物乃至自我认同联系在一起。接下来，确保你拥有足够的社交人脉力量来支持正确的行为以及阻止错误的言行。然后，只有在这时，你可以应用资源 5 中的奖励力量。奖励应该适中，奖励的对象是关键行为获得的成就以及在关键时刻做出的“正确”抉择。

资源 6 ——组织能力

那些汇报关系（谁对谁进行汇报）是否已经确认校准？那些新的进程以及工作场所的物理布局，是否是以达成“新方法”的目标为基准而设计？人们是否获得了正确的设备，这些设备是否工作正常？那些“对的人”是否拥有适当等级的权力，来成功引领整个团队并且及时做出决策？

对于一名领导者来说，在没有去除团队成员的障碍之前就推动变革，多少有些不公平。不管你是一名追随者还是领导者，你对变革造成的影响，将会清晰地展示你精明的政治头脑。

将所有这些合在一起

《改变一切：个人成功的新科学》的作者们在《麻省理工斯隆管理评论》上发表了一篇研究文章，文章显示有一种方法可以提高你“变革管理”的成功率高达十倍。

“改变一切”实验室发现，有一件非常重要的事，是大部分成功的变革领导者都能够做到，而大部分失败的领导者都无法做到的：在使用六源模型诊断所有成功的潜在障碍之后，最成功的“变革者”能够使用至少四个资源的力量来解决问题。而大部分变革领导者只专注于一到两项资源：他们在培训上会花一些钱，或许会为一个异地团队建设活动埋单以提高个人动力。或者他们会重组汇报关系，以及利用提高年终奖金来让整个团队尝些甜头。

请记住人们对于改变会有多么的“伤心”，哪怕改变对他们有利也是一样。那么他们为什么在接受改变上显得如此的感性同时又缺少理性呢?《改变一切》的调查显示，如果你能利用至少四个资源来解决问题，那么你完成变革目标的概率将会提高十倍。这真是一个强有力的武器啊。

让沟通再多一些

不要低估人们对于改变的抗拒。这并不是因为他们有什么问题，而是因为他们是人类，人类天性就不喜欢改变以及必然伴随变化出现的悲伤。你必须努力打造一个多媒体、多信息的沟通计划，来与那些可能抵制或者不喜欢改变的人进行交流沟通。你还需要做大量内部调查工作，请求那些能够帮助你的外部供应商合作伙伴为你提供来自其他客户的最佳实践经验。你还要争取公司高层领导者的帮助，做好以“啦啦队长”

的身份来推动变革的准备，即使你不是一名正式的领导者或者你只是个小项目的领导者。如果你是项目的形象代表，那么你还必须成为项目的发声器。在过渡进程中，知识是赶走我们恐惧的关键：填补他们的空虚。

在你解释了改变的原因，表述了改变带来的好处，告知改变带来的冲击以及个人心理不适之后，就轮到你的沟通计划出场了，这时你应该询问人们三个具体的问题来帮助他们下定决心。一旦实施计划的时间到了，你需要让你的整个实施团队看着每个人的眼睛，并且严肃地询问他们三个问题：

1. 你愿意去做被指派的任务吗？这是在调查他们的动机。

2. 你有能力去完成任务吗？这是在调查他们的能力。

3. 有没有任何可能影响你成功完成工作的情况或事情？这个问题有可能让你还没有发现的新障碍浮现出来，并且以一种安全的方式给团队成员们一个提示，提高他们最后一分钟的专注力。

你需要对你的团队进行培训，最终目的是要让被变革影响到的每个人在面对前两个问题时都能做出肯定的答复。同时你还要教导他们如何克服在问题三中显现出的问题。你要以开放的心态从他们的回答中学习：对你领导的过渡进程来说，这些答案可是能够影响你成功与否的额外数据信息源。

不管你是以一个追随者的身份工作，还是以一个领导者的身份工作，或者二者同时有之，你都要领导团队成员们完成“过渡”——那些随改变而来的隐约的（有时候也不那么隐约）悲伤。一旦你能更好地支持团队和团队成员，就能越快越高效地让这些成员和团队产出变革效益。最好的追随者和领导者知道通过“领导力透视镜”来审视改变，他们可以获取更好的业绩成果，并且会赢得更高声望。

总结和练习

章节重点：人类会为改变感到悲伤，即使改变能够为他们带来更多利益。了解这些事情将会帮助你指导管理自己的个人变化过渡期，以及你下属的过渡期。你交流和实施变革的方法不同，带来的结果也会大有不同。

重点应用：你必须温和而又坚定地引导你自己和他人完成改变，你可以与他们进行沟通，通过理解他们理性的和感性的担忧来减少他们的恐惧。通过理解和使用“六源”工具模型，你可以提高“变革管理”的成功率高达十倍。

个人计划：

为了学到更多管理“改变”的知识，我要学习/阅读/研究__________。

为了得到更多的专业见解、指导和建议，我会与__________进行联系。

我会要求__________来监督我，帮助我保持对__________的责任。

为了获取那些我尚未完全掌握的要素/能力的相关经验，我会在__________（日期）之前去做__________。

5 像你老板的老板那样思考

没有问题可以在坚持不懈的思考面前幸存。

——伏尔泰

思考起来要像个实干家，行动起来要像个思想家。

——亨利·L. 柏格森

一个人被提拔通常是因为他上级以及周围的领导者们观察到他已经做好领导更多的准备了。做好准备意味着他已经准备好面对不同情况、不同组织中的不同事物。有时候你会觉得对于更高一级的领导职位来说，你的准备还没有那么充分，但是其他人看到了你没有看到的东西，或者客观情况决定了你是“最不差”的选择。不管是何原因，你准备得越充分，你和你的公司组织获益越多。

对于领导力来说可以分为四个层级：

自我领导 ≥领导他人 ≥ 领导领导者≥ 领导企业

做好迎接下一次晋升的准备，意味着你能够进行与更高领导等级的职责相称的思考、行动以及获得相称的工作业绩。让自己准备更充分的一个方法是，坚持不断地观察那些在你等级之上的领导者们并且向他们学习。

在晋升前，你需要观察什么

领导层级之间的过渡是非常重要的。晋升前通过对其他高层领导者的观察，你可以平稳地完成你未来的过渡过程。但是，你需要观察什么呢？

处于职业生涯初期的领导者们通常会专注于获取一些新技能，如放权、快速决策、对他人的自我发展作出回应、争端解决、培养自主能力以及激励团队。处于职业生涯中期的领导者则需要学习将系统性思考应用到他们的工作中，寻找计量并改进工作成果的方法，使用公司政策引导公司内部动荡起伏的涌动，以及为胶着的现状引入创新性解决方法。即使是最强大的高层领导者们，也需要学习精通自己的技巧，来应对不确定的状况、战略需求以及对“未来预测”的需求。

所有层级的领导者都有各种疑问，比如：“在不恐吓他人的情况下，我怎样才能成功领导变革呢?”“我如何平衡花费在战略思考、计划执行及后续上的时间呢?”或者“我今天做些什么，能让我的团队成员们专注于我们面临的最大问题上，而不是他们各自手头那点儿工作呢?”

寻找这些问题（以及其他领导力问题）答案的最佳方式是“进入房间”。

进入房间

我相信我之前已经说清楚了，我身为一名初级海军军官的领导力风格及自信建立于海军学院的宿舍之中。对大一大二学员来说，我们的特权非常少，于是我和我最要好的伙伴们把业余时间（确切来说是数年间的数百小时时间）都花在了思考与解决世界的问题上。我们互相为对方设置一些混乱的场景，彼此在智力和道德上挑战对方。我的信念在此期间彻底形成，因为我的伙伴们会最大限度地对我的信念进行观察和检验（他们也都发展出来了自己特有的哲学思想）。对我来说，班克罗夫特堂（我们的学生宿舍）就是一个领导力实验室。我和我的同学们通常一聊就到凌晨两三点，通过这样的大量对话我们创造了自我管理领导力模拟器。换句话说，我们会创造一个场景，这个场景通常比我们在领导力课程中遇到的要更复杂。而我们则像一群疯狗一样互相争论，攻击对方在智力上、逻辑上或者道德上的弱点。

“进入房间”意思是，把你自己放入一个智力的竞技场，招聘你自己的智囊团队，比如一群你（在职业成熟度上或者致力于职业成长方面）尊敬的同事们，然后再创造一个领导力的挑战场景。一开始，你根本不用费多大力气：所有公司组织都有自己的劣势处境，这些已经能够为你们的谈话提供足够的素材。不过，这里有几件需要注意的事情：

别让谈话变成八卦闲聊。与真实生活中的情况相比，你可能缺乏大量的现实因素。所以不要评判他人，也不要相信你自己的结论，你可以这样开始你的话题，“好吧，让我们假设这些现实因素都存在于这个情况中”，然后列出你的假设。在谈话中不要使用真实的名字或者名称，以免这场宝贵的、富有挑战性的谈话变成谣言制造机。

还有，不要让捍卫自己观点的激情淹没了你学习他人的能力。不管你的经验或者学历有多高，你都有很多事情可以从他人身上学习，但是你无法一边向他人说教同时一边又向他们学习。所以，你要充满激情地挑战他人的假设，同时在他人挑战你的时候迅速进行学习。

进入对的房间

从同事身上学习很重要也很安全，当然，你也可以从“进入房间”中学习到更多，尤其是在公司最高层领导者们讨论他们面对的最大挑战时。

身为海军学院的军官有一项非常大的好处，那就是学院同首都华盛顿走得非常近。在四年中，每个海军学院学员都有数百次的机会同那些上将、将军、参议员、国会议员、大使、内阁部长、CEO 以及外国元首进行专业、智力和社交上的互动。那些聪明的有抱负的领导者会充分利用每次机会，去观察这些国家级领导者，并且暗中将学习到的内容转化为自己的风格，提高自己的决策制定能力以及领导力技巧。

你要自愿参加那些高知名度的项目，即使这会为你带来繁重的工作。你需要“进入房间”，这样你可以在潜移默化中进行学习：观察与互动是一种微妙却又威力无比的学习方式。同时你还要锻炼你的思维敏捷性，提高你的职业成熟度，知道什么时候应该参与讨论，什么时候则要消失，并做好为他人提供服务的准备。

你的目标是具有足够的职业能力，并获得他人对你的高度评价，这样你才有资格申请那些公司高层领导也会参与其中的额外工作，进而赢得“进入房间”的机会。这种学习策略也存在一些风险：可能你申请的工作远远超过你的能力范围，又或许你会在错误的时间发表言论，让你自己（和你的领导者）在众目睽睽之下丢人现眼。我的经验是，这种风险是值得那些职业成熟的追随者去冒的。下面我讲两个例子，都是来源于我自己的经历：

在我还是一名海军中尉时，我的法语会话技巧和法国文化知识为我赢得了一次陪伴美国一星上将出行的机会，出行的目的是与法国海军领导层进行反潜艇作战方面的谈判，地点在法国的布雷斯特。上将接受了我在文化方面的建议，我的“偷听”能力（法语会话能力）也帮了不少的忙。因为带了一名给力的陪同者，上将在法国的声望也提高了不少。而我则获得了“进入房间”整整三天的机会，与几个盟国的上将们待在一起，听他们制订未来资源分配计划及交战规则，这些可都是高度机密的重大战略问题。

当我还是通用磨坊一名新晋助理品牌经理时，我自愿参加了一个招聘小组，目标是密歇根大学罗斯商学院的未来毕业生们。这个招聘小组的工作是本职工作之外的：额外的工作、额外的旅行。但是因此，我结识了一些世界上最聪明的营销人员和商业从业者，大大地扩展了我的人脉。

有些海员说“NAVY”（海军）其实是个缩写，全称应该是：“Never Again Volunteer Yourself”（绝不再自愿奉献自己）。当然，有时你举起手来（自愿奉献）得到的可能是那些不受欢迎的工作，但是你可以从中学到宝贵的一课：当个聪明的志愿者。你获益的还有：

- 提高社交和专业姿态
- 更早学习发展战略性思考技巧以及问题解决技巧
- 高风险谈判技巧
- 发展宝贵的师徒关系
- 发展更大的专业和学习人脉
- 更大的影响力

像你老板的老板那样思考

领导者们迫切需要那些已经做好准备、具有足够能力晋升到更高领导层级的追随者。如果你能够让自己充分接触到来自公司最高层领导及其他成功领导者的高层级思考、战略行为及人际关系管理，并调整吸收你见到的听到的最好的特点行为，拒绝那些不好的，那么你一定会出人头地。当你被征求意见时，你就能给出最明智的建议。当你被他人质问时，你能够本能地做出更好的反应。当其他人不知所措时，你也能够更加自信地引领他们走上正确的道路。

如果你能够像高出两个层级的领导者一样思考、讲话及行动，那么人们就会以他们自己的“领导力透视镜”来审视你。他们将会以不同的态度来对待你。你的职位将会获得更勤的轮换，会获得更快的提升。你会成为一名备受追捧的团队成员和同事。

总结和练习

章节重点：那些被快速提升的追随者表现告诉他人，他自己已经为下一个职位做好准备。加速你的职业发展的方法之一，就是和那些能够通过宝贵经验来挑战你、教授你高级领导能力的人一起“进入房间”。

重点应用：你必须自愿承担额外的工作、项目，这些工作和项目应该是你感兴趣的，或者是你具有一定天资去完成的。这些额外工作通常会包含与高层领导者一起工作的机会（或者为高层领导者工作）。你获得的宝贵经验将会带给你更高层级的思考、问题解决和判断能力。他们还会增强你的人脉，这是提高你的工作效率的另一个好方法。

个人计划：

为了学到更过关于晋升的知识，我要学习/阅读/研究__________。

为了得到更多的专业见解、指导和建议，我会与__________进行联系。

我会要求__________来监督我，帮助我保持对__________的责任。

为了获取那些我尚未完全掌握的要素/能力的相关经验，我会在__________（日期）之前去做__________。

第四章

好团队成就好领导

THE LENS OF LEADERSHIP

当一个男人种下遮荫树，却知道自己绝不可能享受这些树的树荫时，那么他至少已经开始探索人生的意义了。

——埃尔顿·特鲁布拉德博士，哈佛大学

1
把工作场所当教室，你就是团队最好的老师

领导和教育是难解难分的——一旦你找到了一个，你也就找到了另一个。

——诺埃尔·蒂奇

最好的老师会给出建议，而不是死板的说教，他会激发倾听者自我教导和学习的愿望。

——爱德华·鲍沃尔-李顿

学习不是发生在企业、大学或者工厂培训中心里的那些东西。在前面，我解释了70-20-10成人学习模型。这里请注意，不要认为培训只是公司组织发展或者培训团队的一项工作。

在学习和教授工作技巧的历史上，这种“直属上司以外的某人，使用工作环境之外的某物作为教学场地，来教授追随者新的技巧和能力的想法，是一种非常新的理念。即使近如美国二战后经济繁荣期的工人，他们大部分工作技巧的学习依旧是从他们的领导者那里获得的。但是，对现代领导者来说，培训已经从他们的工作要求中移除了，这是怎么回事呢？培训是领导者们了解团队需求的主要来源，那为什么领导者们要退出这么重要的角色呢？

商业的发展实在是太快了（不管在规模上还是范围上都是跳跃式增

长），时代的思想领袖们——那些帮助创造美国制造战争机器、奠定商业环境基础的大佬们，依旧在散播他们关于组织发展及培训的理念。通过整合新员工的培训，刚出现的组织发展部门能够让培训课程设计和开发更加专业化，并且使培训环境和培训实施能够连贯一致。这种连贯性的扩大不仅增加了学习的速度，同时还极大地提高了成本效益。如果没有培训发展部门的崛起，那么“美国世纪”这种空前的繁荣壮大就不可能实现，或者说至少不大那么容易实现。但是随着时间的推移，一些东西在发展中丢失了。

在过去的三代人中，每次当需要提高技巧时，许多追随者都会离开日常工作环境，寻找其他地方进行学习。许多领导者也意识到企业外培训的存在，如企业大学、当地的技术学院或者是行业研讨会。但现在，许多追随者甚至可以在家或者喜爱的咖啡厅使用 iPad 进行自我培训学习。互联网的发展，导致领导者们习惯了这种和导师、培训师这些重要角色的分离状态。

至少对功能性工作技巧来说（如何运行一台生产设备，使用一个工具软件，或者演示讲解一项新的医疗技术），那些新学的东西可以立刻就进行应用实践：可以是学习后的第二天，甚至可能是学习的当天。领导力、团队工作以及沟通技巧则更抽象，这些技巧需要一些应用来进行“微调”，因为即使在相同的应用下，不同的人也会产生不同的反应。

西密西根大学罗伯特·布林克霍夫博士发现，在那些学习领导、沟通以及相似软技能课程的学习者中，只有 10% ~15% 的人能够真正将所学内容转化、应用并最终提高自己的工作业绩。这已经不仅仅是糟糕了，这几乎已经成为组织发展产业的巨大工作事故了！

在本书中介绍了布林克霍夫创造的工具——“影响力地图”。它能将你从任何课程学习到的内容，同预期的工作行为变化联系起来。它同样可以将这些新的工作行为，同提高预期工作业绩联系起来；并将工作业绩的提高，同学习者课程成功应用产生的积极效果在公司层面的业绩影响联系起来。

影响力地图，百分之百需要学习者的领导者也参与近来。如果想让学习者获得成功，那么领导者在培训的前后都要发挥积极的作用。实际上，在不同的研究中，玛丽·布罗德和约翰·纽斯特罗姆都得出了相同的结论，那就是：与学习者或者培训师在培训课程中及课后的行动相比，领导者在培训前后的参与与行动要重要得多。

布林克霍夫发现，如果领导者能够解释为什么学习者要参加培训，他将学习到什么样的工作技能，如何在工作中应用这些工作技能，这些工作技能将如何推动团队前进，并且跟进关注上述预期及其在工作场所的表现，那么80%～90%的学习者能够将他们新学的技能转换为工作业绩的提高。这是一个明确的令人信服的证据，足以激励所有的领导者重新回到教师这个至关重要的角色上来。

领导者是个能量转换器

虽然这让我痛苦不堪，但是我不得不称赞一下我母校的头号对手：西点军校的行为科学部门以及领导力部门。这一切都是为了我最喜欢的一个比喻：领导者是一个能量转换器。能量转换器是一个能够将一种形式的能量转化为另一种能量的设备。比如，一个麦克风将来自人声的空气压力转换为电能，电能被传送到扩音器，并经历再次的转换、增强，形成可以被更多人的耳朵听到的空气压力。这个麦克风，就是一个能量转换器。

身为教师角色的领导者能够做到的最重要的工作是将来自教室环境中的能量转换为能够为工作所用的恰当形式。当学习者从课堂归来，领导者需要帮助他将理论与理想状态转换为能够在日常工作中使用的形式。领导者不仅需要强调技巧在工作中的应用，他们还需要指导学习者如何面对那些在课堂上没有讲到的障碍。那么还需要注意什么情况？其他团队是否可能会受到学习者新技巧的影响？如果学习者是团队新成员，那么你的团队与学习者前工作团队在培训上有什么不同呢？

对于学习者在新领导、团队合作、沟通技巧应用等方面的文化融入来说，这个能量转换器的角色是相当重要的。需要小心的是，不能过度指挥或者扼杀学习者为团队带来新想法的热情。一旦出现了这种情况，那么领导者就不再是能量转换器，而是一个能量阻隔器。这个阻隔器抵制变化，破坏了自己和学习者成长与发展的机会。

谁必须成为一名领导者或老师？

蒂莫西·巴特勒和詹姆士·沃尔德罗普将“职位重塑”描述为一个进程，这个进程能够达到员工满意度、专注度和努力度的最高级别。为了让员工能被正确地塑造，必须允许这名员工解除巴特勒和沃尔德罗普称之为的“深度嵌入式生活兴趣”的束缚。“深度嵌入式生活兴趣”是指“长期拥有的、情绪化的热情，与个性错综复杂的交织在一起，并因此产生的后天和先天的不确定混合体。深度嵌入式生活兴趣并不决定人们擅长什么，它们决定什么样的活动让这些人开心。在工作中，这种开心经常被解释为承诺和责任感。它让人们保持专注，同时也让他们远离辞职的行为”。

直到我已经身处现在的职位——一名学习领域的专家，我才接触到巴特勒和沃尔德罗普的理念，他们的理念好像一道闪电击中了我！我曾经经常挣扎着想表达为什么我的生命之旅将我带到了现在的职位角色——一个由培训专家与内部组织发展顾问组成的团队的领导者。对那些知道我背景的人来说，肯定会认为有一些更好的工作适合我（或许是更高尚、或者更刺激，并且拥有更大的影响力），比如我曾经做过的海军飞行员和市场营销人员。我试图努力去解释，为什么我离开了之前的一切并成为了一名企业教师。其实，巴特勒和沃尔德罗普的“深度嵌入式生活兴趣”就是我苦苦寻找的原因。

纵观我的一生，我发现在我参与的每件事中，我都越来越靠近教师这个角色。以合宜的行为为榜样，教导他人正确的技巧，这对我来说就是与生俱来的本能，我甚至无法不这么去做。在高中我就被选为同伴影响辅导员。在海军学院期间，我获得了潜水证并教授我的海军学院伙伴们使用水肺潜水，我还参加了其他一些教学和评估项目。后来我以一名飞行员的身份加入了舰队，并且成为了领航员教练及评估员。在我担任战术协调员一职时，我又成为了一名指导员和评估员。在那之后，我选择回到海军学院，教授下一代领导者们领导力课程。在通用磨坊，我成为了一名非正式的导师，对公司新雇佣的退伍军官进行过渡期指导，向他们展示公司的工作要领。在纽威尔集团，我向新进员工教授我所知道的市场营销技巧。在约翰逊·维尔香肠公司，我发现自己被组织发展部主管这个职位吸引住了（即使那时是在我市场营销职业生涯的顶峰），这个职位的职责是在整个约翰逊·维尔香肠公司鼓励关于领导力的对话并且培养进行这种对话的能力。此后，我竞选过市议员（那时我依然是一名市场营销人员），因为我有一种激情的使命感，想使用市议员这个职位作为一个教学平台，来对选民进行与政府内部工作以及财政事项相关知识的普及和教育。随后，我离开了在约翰逊·维尔香肠公司的市场营销工作，终于开始了我现在一直从事的……好吧，终身的职业生涯！我成为了一名培养领导者的领导者。这就是我的"深度嵌入性生活兴趣"，我终于找到了我的"声音"。

我叙述了我过去的经历，是为了解释那些最杰出的领导者们已经意识到的——他们有义务成为他人的老师，成为他人的榜样。但并不是每名领导者都对教导他人并且成为组织发展领域专家有"深度嵌入性生活兴趣"。关键是：所有公司组织都需要那些天生的教师作为领导者。

教授什么？管理和领导

市面上没有上千，也有几百本图书咬文嚼字地跟你解释"领导"与"管理"的不同。本书是一本领导力实用手册，那么我将给你介绍关于这二者的实用性观点，你可以立刻掌握并储存到你的领导力工具箱中。

我认为，领导和管理是不同的，一个更接近艺术，另一个则更接近科学。我认为这二者是互补关系，都需要去精通、模仿和教授。

我认为“管理”是偏向科学一边的，是管理技巧在维持公司这辆火车准点行驶的。管理涉及到批判性思维、问题解决能力以及预期管理。我认为帮助你的追随者们在“系统内”工作同样也是一个关键管理技巧。你知道如何让你的追随者们获得晋升吗？你能够通过教授他们组织系统的运行原理来帮助他们的追随者获得晋升吗？你是否理解那些阻止他们晋升的、复杂无比的或者模糊不清的人力资源管理政策？你是否拥有正确的人际关系能够指引你在这个由人组成的系统组织中前行？

领导，则更像是艺术，虽然我真的不喜欢软技能这个词。当你所做的是正确的时，那么你的领导中就没有什么是“软”的。领导是通过团队合作，来完成比团队成员们单打独斗能做到的更多的工作。领导要求的是熟练的触控，因为人类是一种混乱的、易犯错的、敏感的生物。“管理”是对原则和程序的理解及应用，“领导”则要求拥有很好的判断力去理解，生活是以一个又一个的案例为基础前进的。此外，领导还需要勇气，能够在需要打破规则或者原则的关键时刻押上自己的名声去这样做，并且为这个决策负责到底。

你必须足够娴熟才能够同时教授管理技巧和领导技巧。每一次与领导者或者追随者的互动都是一个学习和教导的好机会。这个二元论是我的朋友，来自加速学习中心的戴夫·迈耶提出来的。戴夫告诉任何愿意聆听的人，未来的组织结构将会像一个穹顶一样，一个充满了强大互动连接的结构。这些互动连接将会促进新的学习模式的产生。戴夫说：“学习不再是工作的准备，学习就是工作。所以，在一个网络结构组织中，每个人都是老师，同时也是学生。”

就像你同时是领导者和追随者一样，你同时既是学生又是老师。身为一名领导者，你作为老师的影响不能被夸大。在学习就是工作的世界中，领导者必须是最主要的老师。就像你发展自己的影响力一样，你要鼓励那些技巧足够娴熟的人成为领导者和老师。

如何成为一名老师

成为一名老师并不意味着你必须站在黑板前面对一群学习者，或者主持一个在线研讨会，或者拍摄一段教学视频，成为“老师”的方法有很多：

你可以和课程设计师合作，帮助他们确定你的团队的学习需求。身为一名领导者，你需要观察你的团队成员们知识和经验欠缺的地方。把你观察到的信息告诉学习小组，让他们意识到问题的存在。你还可以对需求进行深层次的探索，并把你的收获与他们一起分享。

你可以以主题专家的身份为团队服务，在你熟悉的主题领域内为团队进行教学工具设计。让教学设计师向你学习，你可以只做一个幕后智囊。另一种为团队服务的方法则是在网络博客中围绕着学习主题撰写文章，这样培训导师能够推荐他们的学生进行课后阅读。这种方法可以让你教授更多学习者们关于课程内容的细节，以及课程内容的实践性应用。

如果你很喜欢站在一群人面前讲课，但是又没有足够的时间完成整个面对面的教学活动，那么你可以作为助手参与教学，教授课程的一部分。你可以在开讲时进行课程介绍，在课程结束时进行总结，将一天内学到的内容同现实中的应用联系起来，并且与学员们交流你身为领导者对他们的期待以及你希望他们如何将课程内容应用到工作中并提高业绩。

你可以成为一名学生的课程导师，在培训前后对他进行指导。通过课前和课后与学生的联系，你可以帮助他们理解这些课程在现实生活中的应用，通过向他们解释这些课程如何在日常工作之外应用来给予他们不同的视角和观点。良好的师徒关系就是这样形成的，而且会让二者都从中收益。

如果你对某些课程感兴趣，你可以参与课程的测试版编写。通过提出对课程流量以及覆盖范围的考虑，通过询问课程开发者和推动者不同的问题，你可以在很多层面上影响课程的制定，使之更好更适用。

最后，你还可以指导那些成长中的领导者教师。在“领导者就是教师”的理念已经深深融入一个公司的情况下，一个有智慧有激情的候补队员是必须的。你可以以身作则，鼓励那些未来的领导者教师们。

像苏格拉底一样领导

最杰出的领导者在身为教师角色时，最常使用的另一个技巧就是“询问经过巧妙设计的问题”。最好的问题是那些无法当场回答出来的问题。学习者在能够回答问题之前，需要进行一些信息搜索，甚至还可能需要权衡几个答案的优劣。对于你的员工来说，那些喂到嘴边的答案太过于简单了。他们在回到你这里给你答案时，脑袋里应该有了更多的知识才对。而对于你来说，没有什么比看着他们努力去发掘答案更欣慰和值得的事情了。

通过涵盖微观话题（比如具体的技巧或细节）与宏观主题（比如战略改变带来的影响，或者其他产业如何解决相同的问题）来改变开放式的问题。让你的团队成员都参与进问题讨论，扩展他们的逻辑思维、批判性思考以及问题解决技巧。教导他们通过询问好的问题来学习他人。

当销售人员询问关于客户的高度战略性问题时，这就是苏格拉底式提问法强大的应用体现。有什么能比询问客户更好的方法来得知客户需求的吗？教授你的销售人员抵制使用“讲解及推销”模式的冲动，告诉他们初次谈话的内容应该是围绕着客户和客户公司组织的需求进行的。教授他们围绕这些需求多问“为什么”，以获得更深的了解。教授他们通过询问客户下列问题来审视对话效果：

- “我问的问题正确吗？”

- “你最需要我从这场对话中了解的是什么?”
- “我们的对话是否是你需要的，是否解决了那些让你工作到深夜的问题?”

如果他们从“学习”模式开始销售周期，那么当他们转化到“销售”模式时（可能是下一次会面），他们将可以用客户的语言与客户交流，并且解决客户的问题，而不是像以前一样试图去满足他们自己的需求。

成为一个学习和教学机构

许多公司组织都声称要营造一个友好的学习环境。为了实现这些诺言，他们围绕培育教学文化提出明确的预期。教学的关键，是领导者们都把对教学的时间投资看为人生中的第一大事，同时他们也希望学习者们把学习和应用新技巧作为人生第一大事。一个教学组织拥有一种独特的观念，认为教学投资是那些正式的非正式的领导者们的一种义务。

领导力发展和技巧发展必须在日程工作背景下推行。伟大的领导者们总是寻找“教学时刻”，确保每人每天回家的时候都能够学到一些东西来增强他们的个人能力，让他们能够为工作团队、社区以及家庭做出更多的贡献。身为一名教师，这是其教学和领导的本质。使用“领导力透视镜”来培养他人，让所有人都意识到对追随者的学习来说，影响力最大的是他的领导者。如果你不去“用你的生意培养你的员工”，那么你就是一名失败的领导者。

总结和练习

章节重点：在当今的世界，工作场所就是最重要的教室，而领导者就是最重要的老师。在培训前领导者设下的预期，以及培训后领导者对行为的要求和监测，这些对于学习者来说是最有力的帮助和指导，远大于任何培训师所能做的。

重点应用：你必须对你下属的培训和职业发展全权负责。你需要成为一个能量转换器，帮助他们将课堂上学到的知识转化为工作实用技巧和业绩提升。不管你的技巧和热情是什么，你都要找到方法为培训和学习项目做出自己的贡献。

个人计划：

为了了解更多关于领导者教师的义务，我要学习/阅读/研究__________。

为了得到更多的专业见解、指导和建议，我会与__________进行联系。

我会要求__________来监督我，帮助我保持对__________的责任。

为了获取那些我尚未完全掌握的要素/能力的相关经验，我会在__________（日期）之前去做__________。

2 打造一支天才团队，留住优秀人才

持续不断地以超过竞争对手的速度进行学习的能力，可能是唯一稳定的竞争优势。

——阿里·德赫斯，在彼得·圣吉的《第五项修炼》中

大部分公司使用员工来打造他们的生意，我们使用生意来打造我们的员工。

——拉尔夫·C. 斯德尔，约翰逊·维尔香肠公司 CEO

除了获取工作成果的义务，我认为员工的技巧发展和职业生涯管理是团队和公司组织领导者的第二大责任。是否具有打造一个天才团队的能力，是一个好领导者同一个杰出领导者最大的不同。最优秀的领导者们将发展视为自己最严肃的责任以及一个为员工服务的机会。对于新晋领导者来说，不仅要让员工发展，还要为员工的职业塑造负责，这看起来似乎有些让人无法承受。其实，这份责任不是只有领导者一个人担当：最好的追随者们在这方面非常积极主动，他们希望能够拥有他们自己的事业。

在弗雷德里克·赫茨伯格的经典作品《再论如何激励员工》中，他告诉我们，那些让日常工作变得可以忍受的事情，与那些让我们不想

离开工作职位的事情，是不一样的。让我以另一种方式再叙述一遍：赫兹伯格教导我们，即使领导者们可以搞定工作中那些让我们每天都不满意的事情（比如各种公司政策，我们的上司，工作条件等等），也不会提高员工的满意度和专注度。为了达到真正的工作满意度，追随者们需要的是工作成就、有意义的工作、真正的责任，以及成长发展的机遇。

赫兹伯格的这篇文章于1968年发表于《哈佛商业评论》。快进到今天，我们有了更加简明的模型，这个模型来自于丹尼尔·平克的《驱动力：有关激励的惊人真相》。在书中平克讲到，在现今的概念时代，员工们需要“自主、专精、目标”来释放他们的全部潜能。这与赫兹伯格的理念惊人的一致。

对于“自主”，平克的形容是“选择并行动”，比如要去完成什么工作，什么时候能够完成工作，我们将会和谁共事，我应该如何去做。这样是混乱吗？不，这是现代社会工作场所进化出来的一种非商品化公式化的状态。

“专精”是一种观念，这种观念认为所有的工作都可以无限地进行改进。最优秀的追随者们（比如那些准备领导未来的追随者们）都希望能够获得机会锻炼并专精那些成功所需的能力。这些拥有内在动力的员工们应该被扔进泳池的底部，利用被给予的机会对自己的专业技巧和领导力技巧进行微调，并在卓越的表现中寻找到满足感。

“目标”的内容是包含着前二者。一名领导者，应该在宣传中找到巨大的满足感。伟大的领导者们能够创造出一个有意义的愿景并且花费大量的时间宣传这个愿景，同时还要把这个愿景同崇高事业联系在一起。当追随者们理解了他们的工作是如何与工作成果联系在一起，而这个成果又是他们值得为之努力的目标时，他们将会变得更加主动更加努力。关键是领导者们如何去发现这个目标，并且确保每名团队成员都知道为什么这个目标是值得为之努力奋斗的。

终极发展工具箱

在军队、学术界、非营利组织、政府以及商业界，多年间我使用了大量不同的发展工具，通过将最好的个人发展工具连接起来，最终创造了我相信是最好的发展流程。这些个人发展工具是相辅相成的，它们是由技巧发展领域中最好的头脑创造出来的。通过合并使用，可以大幅度增加成功的可能性。

身为领导者，即使是那些技巧最熟练的、最具有职业生涯意识的团队成员，我们也可以通过帮助他们寻找到他们的“声音”，帮助他们获得他们需要的技巧，帮助他们将这些技巧同公司业绩联系起来，“使用生意来打造员工”，以及给予他们六源支持来帮助他们继续发展提高。

这些工具我们已经在之前的篇章中都分别学习过了。这一章的目的是解释如何将这些工作结合起来，帮助领导者打造出一支天才团队，留住最优秀的人才，让团队成员们保持高度专注，并且为领导者赢得“领导未来的领导者”的美誉。

寻找到他们的“声音”

在前文中，我解释了史蒂芬·柯维博士的“声音”概念：你对世界的独特贡献。如果你的生活处于下列四者的交叉点，那么你就充满了你的“声音”：什么是你真正擅长的，什么是你喜欢去做的，在哪里你看到了需求，你的良知要求你去做什么以便让世界变得更加美好。

一名经验丰富的领导应该能够与他的每一名追随者开展关于声音的对话。新手领导者们以及那些仍旧在寻找他们自己声音的领导者，应该与发展领域的专家合作，去了解哪些评估方法能够帮助他们。他们的目标是帮助每一名团队成员寻找到自己的答案来回答柯维的问题。最终结果是每一名追随者都寻找到了自己真正的、如水晶一般纯净的“声音”。如果寻找声音的行动导致你的追随者离开了你的团队，那么你应该被团队推崇备至，因为你已经成为一名无私的服务者，在真诚地帮助团队成员寻找他们真正的天赋与职位。

帮助他们获得他们需要的技巧

2009 年，企业领导力委员会的研究发现，如果高潜力的员工理解了他们的工作与整个公司组织战略之间的联系，他们的努力程度将会提高 40%。在技巧学习与日常工作、日常工作与组织目标的联系上，没有什么工具能比罗伯特·布林克霍夫博士的影响力地图更好。一旦你和你的追随者们寻找到了他们的声音，你就必须决定他们需要发展什么样的技巧和能力来完成目标。他们可能在需要发展专业性技巧（比如获取注册会计师证书）的同时，还需要发展团队合作、领导、进程管理以及问题解决技巧。然后你需要定位 2 ~ 3 项追随者在未来 12 ~ 18 个月内最需要学习和发展的能力。

下一步，与追随者合作讨论他们需要什么形式的学习，这将为他们之后应用所学的知识打下基础。他们需要参加什么样的课程？他们需要参加项目以获取学位或证书吗？有没有他们应该参加的产业研讨会？有没有什么书籍可以取代课堂学习，或者作为课堂学习的补充？有没有可以减少旅行奔波的网络研讨会让他们参加？这一步的目的是确定那些需要参加的人的重要学习方法。

一旦你和你的追随者在所需知识上达成共识，然后你就需要将这些知识同他们在工作中的不同行为和行动联系在一起。他们的日常工作将会有哪些变化？他们需要怎样不同的行动，或者更加积极自主的行动？那些能够被第三方观察到的情况能够显示出能力或者工作表现的提高吗？

将习得的技巧同公司业绩联系起来

在确认完这些行动之后，你需要将它们直接与公司业绩联系起来，团队或者业务部门应该注意到这些业绩的增长是建立在这名追随者工作表现的提高上的。质量会提高吗？有哪些安全性指标会受到影响？为什么销售或者营销项目获得的业绩不同？

然后，将这些为数不多的增长业绩同公司更高层面的目标联系在一起。哪些公司组织指标将会在直接或者间接影响下提高？即使你身处一家庞大的跨国公司中，那些增长的业绩看起来就好像是在一桶水中加了一个小水滴一样，但是它们对于创造学习者的“视线”来说是至关重要的，这条视线从追随者必需的学习开始，联结到了不同的行为行动，然后是受到行动影响的业务指标，最后到达整个公司组织的利益。

用生意来打造员工

一旦你确认正式学习是必需的，你必须将每一名追随者都联系起来，将他们加入一个人脉，这个人脉内的其他人要能帮助他们强化学习效果，并且引导他们获得其他资源。在前文中，我介绍了 70 - 20 - 10 发展模型。在今天这个网络化的、社交联结的世界中，从他人那里学习的情况远远超过 20% 的比例。帮助你的追随者们寻找你之外的导师（以及在你的组织之外）是非常必要的。同时，你也要更新你的观念，明白那些合理分配在人脉上的时间并不是浪费。那是发展的时间，是你投资的一部分，可以帮助你的追随者们达成他们的“声音”，可以帮助你发展你所需要的后备力量。

下一步，是针对他们进行的学习课程设计他们将获得的经历体验。想想在你的发展旅程中，你获得的那些最快最难忘的课程吧。我打赌，当时的情况一定是有一点超出你的能力，有一点超出你的专业领域，而且你不得不“在战斗中学习”。在这种情况下，你难免会犯一些错误，不过你会决心以后再也不会犯相同的错误。在这段时间，你都会提心吊胆。我认识一位供应链厂商的副总裁，他说过：“如果每次当你想到如何去学习、如何实现你的发展计划时，你还没有做好趴在水槽呕吐一下的准备，那么这就不是个非常值得去做的发展计划。”这听起来或许有点极端，但是身为一名领导者，如果你让计划过于安全（比如，让他们相信你会给予他们坚定的支持，不会让他们捅的娄子影响到他们的职业生涯），那么他们将会以最快的速度学习，并且通过这些试炼快速发展他们的学习灵活性。

给予他们六源支持

生活越来越忙。我们越来越忙，所以尽管我们拥有最好的意愿，却忘记了后续跟进。我们的追随者们也越来越忙，忽视了自我发展的目标，因为他们陷入了日复一日的工作泥潭之中。他们停止了参加课程，因为课程需要时间而他们“现在没有时间”。他们的同事无法给予他们重要的在职示范，因为这些同事也都忙于工作，而示范会降低自己的业绩数值。导师们也越来越忙，一再推迟午餐指导，他们本应在这个时间给予追随者一些关于自我发展的重要知识点。这时第四季度的预算越来越紧张，造成你的追随者无法飞去参加行业研讨会，即使这个研讨会提供了对他们的发展来说很重要的学习内容与人脉。生活越来越忙。

为了大幅度提高你所制定的具体计划（使用本章作为指导）的实施率，你需要克服那些阻碍你和你团队成员进步的诸多因素。我在之前已经介绍了六源影响力模型，创造一个成功的发展计划的最后一步，就是应用这些知识。

	动力	能力
个人	资源 1 个人动力	资源 2 个人能力
社会	资源 3 社会动力	资源 4 社会能力
组织	资源 5 组织动力	资源 6 组织能力

首先，思考一下，当追随者的动力和能力、人脉或者影响到发展计划的非人因素出现问题时，都有哪些事情会出错。同你的追随者一起，画一个三行两列的表格，在表格中填写所有会对他的工作造成反效果或者制造障碍的事物。你们需要集思广益，在每个表格中都填写几个选项。

然后，画一个新的 2×3 的表格，为上面你所找出的每个障碍都填写一些能够实施的解决方法（至少也要有个解决的大概思路和想法）。当工作越来越忙的时候，你的追随者如何保持他们的个人积极性？你如何为你的追随者设置同辈压力，同时又不会对他产生不利影响呢？你如何确保那些有能力的人会为你的追随者提供帮助呢？他们需要获得哪些有意义的又不会遮蔽个人积极性的良性刺激呢？你要如何通过处理像财政预算、汇报关系、座位分布以及其他缺少你的“空中支援”就可能让他裹足不前的原则性问题，来帮他清扫前进的道路呢？集思广益，为每一个问题都想出若干的解决方法。

美国职业骑牛大赛前任 CEO 兼印地车赛现任 CEO 兰迪·伯纳德，曾经告诉我说，骑牛大赛之所以变得如此特别，就是因为充满了“尝试”。在这个肾上腺素成瘾者组成的精英联合会里，说某名男骑手“勇于尝试”，是骑手们能够给出的最高赞誉。这意味着这名骑手不管风险有多大，都不会放弃。

通过发展技巧来获得你的“声音”，并不会让你面对骑上一头两千磅（约为907公斤）公牛那样的危险，但是对你和你的追随者来说，在职业生涯上下的赌注也是非常高的。对追随者来说，失败的结局显而易见。如果生活变得越来越忙，计划因此受阻，这对他和他的职业生涯来说就是一场灾难。此外，因为他支持家庭生活的能力减少，他的家庭也会因此受苦，情况会变得更加混乱。而不管你和你的追随者如何勇于尝试，你“打造未来”的美誉以及打造一支天才后备军的计划也会因此受到影响。

活力睿智训练中心的调查显示，为了克服你在表格中写下的那些潜在问题，你需要使用“可能性解决方案”表格中提供的至少四个不同部分的支持。如果你能提前使用六源支持中的四个来制定一个支持计划，那么你和你的追随者成功完成计划的可能性就会提高十倍！

这是你的道德义务

欢迎加入俱乐部。成为一名领导者意味着他人的职业生涯都掌控在你的手中。当然他们对此也有自己的责任，不过当他们晋升失败，或者因为没能掌握相应的技巧组合而失去了一直为之努力的跨职能工作调动机会时，你就只能全靠你自己了。此外，他们的家庭以及社区也会受到影响，他们将会永远记住他们的领导者给予他们的或者未能给予的东西。

你是否是一个“打造未来领导者的领导者?”使用“领导力透视镜”来审视你的角色，意味着你需要全权负责、帮助你的追随者们全面发展他们的“声音”，达成他们的职业目标。你可以做到的。本章中的工具将使这些目标的成功成为必然！

总结和练习

章节重点：人们希望能够与他们的领导者在他们的职业发展上达成一种合作关系，这种合作关系能够通过填补团队和公司需求，来帮助他们达到他们的目标。身为一名领导者，你有义务为他们服务，你有义务为他们设计出一个能够帮助他们获得成功的个人发展计划。

“声音” +影响力地图 +70 –20 –10 模型 + 六源支持模型 = 终极发展工具箱

重点应用：你必须与你的团队成员们展开残酷但真诚的对话，告诉他们需要学习什么知识、掌握什么技能才能达到他们的深度个人发展目标。你要指导你的下属获得他们自己的“声音”，指导他们获得必需的技能；你要将这些技能与业绩提高联系起来；你要使用生意来打造你的员工。

个人计划：

为了学到更多培养发展下属的知识，我要学习/阅读/研究__________。

为了得到更多的专业见解、指导和建议，我会与__________进行联系。

我会要求__________来监督我，帮助我保持对__________的责任。

为了获取那些我尚未完全掌握的要素/能力的相关经验，我会在__________（日期）之前去做__________。

3 尽早与员工进行绩效对话：越多越好

下属那些值得称赞的行为不应逃过领导者的注意，也不应没有奖励，即使这奖励仅仅是一句赞许的言语。相反地，一名领导者也不应对任何下属的任何过错视而不见，同时他还要迅速准确地分辨出这究竟是无心之过还是恶意为之，是行动欠考虑还是工作无能力，是充满善意的缺点还是无脑愚蠢的疏忽。

——约翰·保罗·琼斯，在一名海军军官的授权仪式上

当人们知道什么是更好，就能做得更好。

——玛雅·安吉罗

最早激励我写这本书的灵感之一，来自于某些商业领导者“让员工离开”（就是辞退）的方式——就是这种方式，让他们引火烧身。如果你的工作单位是一个大中型组织，那么你肯定接收到类似的电子邮件：“今天，某某某已经不再是本公司的一分子。如对他负责的工作有任何问题，请与某某某（另一个人）联系。谢谢。”

这种唐突的电子邮件让我感到震惊和厌恶。我想知道，邮件发送人是否意识到这些邮件究竟会为他带来多大的负面影响。终于有一次，我又收到了一封这样的电子邮件。邮件的发送人与我关系不错，让我感觉

与他谈论这个问题不会显得尴尬。我问他："某某某究竟怎么了?"答案是："我不得不炒了他，他太差劲了。"

于是我深入探究了一下："你必须以这种方式结束，使用这种'他不再在这里工作'的邮件吗?"他的回答是："嗯，没错。我就是无法再忍受下去了，一天也不行。"

我继续一点点推进："也就是说，你记录下了他的业绩表现问题，然后和他坐下来，告诉他所有这些，但是他毫不领情地离去?"他回答道："嗯，这倒没有，我没这么做。但是，所有人都知道他成事不足败事有余。他太糟糕了。我无法让这样的事情再继续下去。我需要一个能胜任工作的人。"

我最后提醒了他一下："在他被公之于众的失败中，你觉得你扮演了什么角色?"他以空洞的答案告诉我："我扮演了什么角色? 我不得不炒了他，这么做一点也不容易!"

从此，我养成了一种习惯：与那些发送这些电子邮件的人（包括那些我不怎么熟悉的人）进行对话，谈论他们在员工失败案例中可能担当的角色。来自海军军官的经历告诉我，当某人被炒鱿鱼时，领导者要承担巨大的责任。当一名部队成员从职位上被赶下来时（这远比你想象的要常见得多），这个人的领导者就会被置于严密观察之下。通常来讲，领导者要为下属的失败担负起巨大的责任，如果出现这种情况，领导者的整个职业生涯都会受到影响。所以我无法相信，在商业领域内可以这么随意就辞退某名员工，而辞退他的人甚至连想都不想一下在这名员工的失败中自己起到了什么作用。

这些领导者在收到我最初的询问时，都会有些激愤。他们想知道我究竟是哪根葱，能够向他们提这种问题。于是，我试着表明自己的意图："你好，我无意调查某某某离开的人力资源的细节。那是你和人力资源部门的事情。我只是想知道，我们是否能就某某某离开公司的事情，进行一场快速的领导力对话?"这样的开场白总是能很好地被接受，通常还会引导出一场正式的对话。在这期间，我会一点点地增加询问的压力，直到我们进入了问题的核心：你（对话的领导者）究竟在“某某某不再在这里工作”这件事中起到了什么作用。

我很遗憾地告诉你，十年间我与不少领导者都展开了类似的对话，只有10% ~15%的领导者能够说出这样的话：“嗯，我很明白我是如何让他失败的。我应该更率直一些，半年前就告诉他某问题的存在，但是我没这么做，放任情况继续恶化下去。我的态度太过暧昧，直到整个团队都无法正常运转。我决不会让这种事情再次发生。”

这才是当责！这是一个领导者承认他的角色和作用，这显示了他从中学习到了一些重要东西，并且承诺在未来会做得更好。这也是我们期望剩下那85% ~90%的领导者能够做到的。有没有一些更好的理由，让你可以炒掉某个人然后发送一封“某某某不再在这里工作”邮件？当然有。但是，我认为这一招用得太频繁了，而且人力资源管理部门很少能够与领导者们进行对话，谈论他们在被炒员工的失败之中所起的作用。就像吉姆·柯林斯所说的那样，“让错误的人离开巴士”也不意味着非要这么做不可。杰出的领导者们知道如何做比较合适。

领导力是崇高的，但是也是孤单的

我确定你听过这句话：“高处不胜寒。”在这里，“高处”指的就是你的领导者角色，不管你身处公司组织的那一层级。领导者赚钱多，是因为他们肩负着额外的责任，要对工作业绩、他人的技巧发展以及他人的职业发展全权负责。这些都是非常重要的责任。我的经验体会是，很多领导者都十分关注工作业绩，因为业绩更容易计量，并且与奖励直接挂钩，但是却忽视了对他人的培养和发展。

你需要与追随者展开绩效谈话，内容是有关技巧、标准、业绩预期、任何可能成为工作难点的东西。展开绩效谈话是你身为领导者的责任，这意味着你必须永远保持高度客观。这可能需要你与他人保持一些社交距离，而这点要求在你身为追随者时是不存在的。如果你获得晋升并且领导起你的原同事，那么你必须与他们保持一定的社交距离，这可不是什么令人羡慕的工作，但是这对你能够坦承率直地进行绩效谈话来说是至关重要的。

球形指导方式

在最好的指导环境中，指导发生在多个方向，甚至会来自公司组织外部。不幸的是，典型的组织图是这样的：

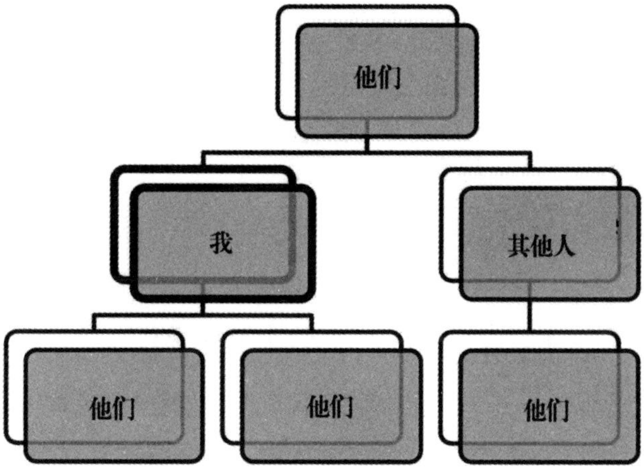

当所有人都能够相互进行指导，当指导发生在多个方向（向上、向下以及平级）多个维度（公司内、公司外）时，团队和公司的业绩将达到最优。优秀的指导看起来像个球形：

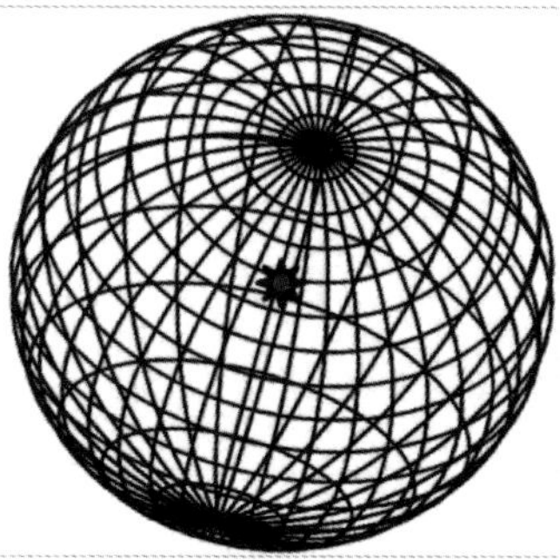

最优秀的领导者们能够以开放的心态面对来自下属的“向上指导”，最优秀的追随者也愿意进行“向上指导”，因为这对领导者、追随者和公司组织来说都是最好的行动选择。在最优秀的团队中，向上指导是所有团队成员们必须履行的一项义务，因为如果整个团队成员都为团队的最佳利益所着想，那么其领导者必然能够为公司创造最好的业绩成果。对于追随者来说，这也是忠诚的一种表现形式。

绩效反馈：如何反馈，反馈频率是多少

你不应该错过任何进行绩效反馈的机会。例如，建立在日常观察上的临时指导应该立刻实施，不要拖延。这些“微调式”提醒带来的工作改动是轻微的，但是却会获得明显的工作成果。这种类型的指导可以是针对硬技巧的，比如生产技巧（如，焊接时手的位置姿势），也可以是软技巧，比如人际交往技能（如，向上指导你的领导者，告诉他如何让团队关注一个敏感话题）。关键是，你要将你在工作场所中的存在视为提高团队行为能力的机会。

定期的一对一对话有着重大的益处。这可以让你们双方都可以保留更多的隐私，一个只有两个人的安静环境，可以让你们互相更加坦诚，以一种低风险的方式来谈论高风险话题。通过保持这些有点神圣的对话时间，传达了你的组织对于人以及人际关系所持有的价值观。同时，这也显示了你对对方个人发展的承诺。根据对方的工作量以及工作性质的不同，你可以选择与他进行每日谈话、每周谈话、双周谈话或者每月谈话。最重要的是，谈话的时间间隔要两个人都觉得合适才可以。其中，追随者的时间要求应该优先于你的时间要求。你应该主动询问他现有的时间间隔是不是太频繁，或者太稀少了。然后根据对方的回答进行调整，直到你们双方全都满意为止。

定期的团队会议对于个人和团队绩效来说也十分重要。进行团队会议的频率，应该由团队业绩和成员需求来决定。这些团队会议应该以一

种开放论坛形式展开，让每个人都有机会说出自己遇到的问题，或者为团队做出的贡献，取得的优秀业绩。即使是在生产环境中（比如工厂），团队谈话需要所有员工都放下工作来进行，这些会议也会为那些坦诚并承诺达成更优秀业绩的员工们带来回报。在我主持的团队会议中，有一段我称之为“开放麦克风”的时间，在这段时间里我的团队成员们可以畅所欲言，谈论任何出现在他们脑海中的事情。

一旦工作绩效发布，不管是年度利润数字、季度销售数据，还是每日废品率，你都应该就此开展团队会议以及一对一对话，讨论是什么导致了这些绩效的产生。此时，聪明的领导者们会抓住一切机会，将行动与工作绩效联系在一起。这些对话开展得越频繁，你团队成员的疑虑和恐惧就会越少，伟大的团队都能够轻松地谈论这些绩效成果。

绩效反馈结构化工具

在创新领导力的中心工作时，迈克尔·隆巴多和罗伯特·伊钦格为讨论工作绩效创造了一个特殊的结构化工具。他们找到了十个衡量工作绩效的“维度”，可以在进行绩效对话时帮助你更好地确定及表达你要说的内容。在你开始关注一名团队成员的工作绩效之前，请先浏览下列问题，并且写出以事实为基础的绩效反馈：

1. 他的工作质量是否合格？

2. 他是否按时完成工作？

3. 他的表现是否合格？

4. 他是否有效利用了资源（例如：时间、金钱、材料、人力等）？

5. 他的工作是否符合内部和外部客户的预期？

6. 他是否不需要过多的直接指导就能进行高效的工作？

7. 对于团队成员来说，他是否乐于合作，提供帮助？

8. 他是否显示出了富有成效的工作习惯，例如优先考虑、时间管理、后续跟踪以及全程跟进？

9. 他是否是一个终身学习者，能够坚持不断地发展他自己的技巧组合？

10. 他的工作行为是否与组织价值观、组织文化以及组织使命具有一致性？

错误的价值

当你培养发展他人的时候，你需要找出一种方法，让你的团队成员们能够“安全地”犯错。我追随过的最好的领导者告诉我，他犯过教材中提到的所有错误——但是每个错误都只犯过一次，这也是他希望我们犯错的最多次数。一位生产部门领导者曾经这样描述，错误对我来说就是为学习机会所掏的学费。这是一个不错的观点，领导者们应该思考并与下属交流这个观点。此外，在阅读哈默和钱皮的《企业再造》时，我学习到了另一个应对错误的经验法则：“永远不要惩罚失败，只需要惩罚草率的执行与忽略现实的疏忽大意。”

那些最优秀的领导者们能够寻找到方法节省出一些自由支配的时间（即使是在“永远不停歇”的岗位上，例如生产线），或者创造一些条件，在这些条件下他们能为他们的下属们创造出一个“实验室”环境。这只是一小段时间、一小块地方，却能让员工们实验一小下，尝试一个新技巧，或者填补一个他们从没担任过的职位空缺。这个实验室与外界相比更加安全一些，而且领导者永远都坐镇在那里，并且在必要时对实验进行干涉。创造这样一个实验室的时间是完全必要的，这样员工们会知道，他们需要做的是“实验”与“尝试”，不需要做到尽善尽美。他们在“实验室”中做得越多，当需要他们的时候，他们的技巧就会更加娴熟，他们也会更加自信。

停止—开始—继续

对获取或进行绩效反馈来说，停止—开始—继续是一个非常有价值的技巧。你要制作一个简短的列表，列举你建议你的员工或团队应该停止做的事情、应该开始做的事情与应该继续做的事情。

解释那些你认为应该停止去做的事情，你观察到低效率的行为，以及你为什么认为这些行动会伤害到团队，或者至少不会为团队带来任何帮助与成果。

描述那些你认为应该开始去做的事情，以及这些事情为什么能提高团队的创新力，并为项目的执行持续不断地带来提高。“我们现在没有做这件事，但是或许我们应该……”是个好的开始。

清晰地表达哪些行为及态度应该延续下去，你应该让每个人都有机会阐明对他来讲哪一部分的流程或系统是重要的，能够让其他部分运作得更好，所以需要继续保留。

你应该要求你的团队成员每次见到你时都与你进行一次“开始—停止—继续”的对话。这些指导对话应该是双向的。你也需要他们的指导，就像他们需要你的指导一样。

硬技巧+软技巧=成功

约翰逊·维尔香肠公司人力资源部副总裁利亚·格劳布，创造了一个全面的绩效反馈工具。这个工具设计得十分漂亮，因为它够简洁。

在本页上端空白处，请写下五至八项对团队成员来说必需的硬技巧。这些应该是两到三个词组成的、具体到职业的专业性技巧，这些技巧可能来自职位描述，也可能是你在日常工作中的观察所得。

在本页底部，请写下五至八项对团队成员来说必需的软技巧。你应清晰地描述出这些软技能的具体行为，其中应该包括一些能够在获得卓越业绩的过程中对硬技巧进行支持的行为。比如：获得结果的动力，“我能做”的精神，乐观的和支持的态度，等等。

在靠近本页中部的地方，为每项技巧都做一个记号：对勾表示“刚刚好”，加号表示超出预期，减号表示低于预期。这一工具能将绩效对话集中在几项成功必需的技能上，而不会将主观评价复杂化。最终确认的是，为了打造职业信誉、信任及尊重，一名员工必须同时拥有软技巧和硬技巧。

直面并快速处理“第一次”冲突

在《关键冲突：如何把人际关系危机转化为合作共赢》一书中，科里·帕特森和他的作者伙伴们讲述了一种现象：当领导者面对团队成员第一次迟到、第一次打破安全行为标准，或者第一次发脾气时，经常会犹豫不决难以启齿。一般来讲，人们都很讨厌冲突，并且会尽一切方法来避免冲突的发生。在这些“第一次”的场景中，领导者会觉得很难将团队聚集起来，并且鼓励大家彼此监督负责。我们会告诉自己，或许这种情况只是个例，不会发生第二次；我们会想出各种各样不应该批评这些行为的理由。做正确的事很难，或许这些小问题也不值得我们去说什么。但事实是，在第一次就进行批评反而是最容易的，理由就是作者们称为的“C－P－R”模型：内容（Content）、模式（Pattern）和关系（Relationship）。

当一件事情第一次发生，这是个“内容”问题。某些人第一次迟到、破坏安全行为准则或者发脾气，那么对话只需要专注于这些内容：拖拉的行为、遵守程序步骤或者坏的举动影响。最容易进行内容对话的时间，就是在这些第一次刚刚出现的时候。

当一件事情第二次、第三次甚至第四次发生，那么对话就不再是关于拖拉的行为、程序步骤或者坏的举动影响。现在对话的焦点是这种冒犯举动的模式，这时对话就要难上一些了。为什么？因为现在你对这种行为也负有一定的责任，因为你在第一次出现坏行为的时候逃避了。双方都对纵容这种坏行为起到一定作用，所以你很难让对方独自承担所有责任。

如果你没能面对模式展开对话，如果你展开对话的方式很失败，或者那个人干脆没能遵守改正的承诺，那么你必须进行最难等级的对话了。坏模式未经处理，必然会损害到“关系”。一旦我们失去了对一名团队成员的信任，开始怀疑他的能力，或者丢掉了对他的尊敬，那么这段关系很可能被彻底摧毁。关于关系的对话是脆弱的，需要小心地处理，但优秀的领导们会为了团队以及所有团队成员的利益去做。

《关键冲突》也给了我们一种无懈可击的方式，让对方对其行为改变负责。在对话的最后，你要向对方询问下面三个问题：“那么，你愿意去完成承诺的任务或者表现正常的行为举止吗?”“你能够完成承诺的任务或者表现正常的行为举止吗?”以及“有没有什么事情可能会阻止你的承诺?”这三个问题调查了对方的动力和能力，开放式结尾的问题给了对方一个机会，让对方说出他的可能无法履行承诺的忧虑及原因。

人们永远都不该怀疑自己所处的位置

绩效对话的目标是让你的团队成员们了解他们哪里做得好，哪里还需要改进。不管谈论哪方面的内容，对话都应该充满坦诚和尊重。每一次对话你都要力争做到这两点。此外在对话中，你还应该让人们知道他们所处的位置。我认为，如果你没能让你的团队成员意识到他们的长处和缺点，那么这是残忍的不道德的。你应该高高捧起你的“业绩英雄”，让所有人都能看到。你应该将你树立的模范榜样安置在公共场所显眼的地方，告诉所有人，杰出就是这个样子的。你要为每个人量身定做不同的绩效评价，你要大声赞扬那些最佳表现者的行为以及他们的行为带来的优秀业绩。

同时，你也必须与对方谈论他的缺点。请记住，要“在公共场合赞扬，在私底下劝告”，因为每个人都知道谁的表现不佳——包括表现不佳者们自己！如果你不处理糟糕的绩效表现，那么这就是在伤害团队，伤害你作为领导者的信誉，也伤害了那些绩效不佳者，因为你给予他们的是虚假的安全感。

人们永远都不应该怀疑他们所处位置。你要给他们安全感，或者不安感，具体取决于他们的绩效表现。我不是让你表现得很残忍。我是让你与业绩不佳者进行一场基于现实的绩效对话。如果你能做到这一点，那么你就不用担心不得不炒掉某个人（还要发送一封“某某某已经不再在这里工作了”的电子邮件）的情况出现了。没有人希望以一名业绩不佳者的身份进行每天的工作，大多数情况下他们会选择离开你的组织，寻找一份更适合自己的工作。随着时间的推移，他们还会感谢你坦率与见解。

在一次“某某某不再在这里工作了”的对话中，我创造了“领导力透视镜”这个词组。当时，我鼓励我的一位同事“通过领导力透视镜来看清楚你的角色”。当你能够通过“领导力透视镜”看到某人“在公车上”以及“某人在公车的某个座位上”，那么你的团队业绩会更加优异，你的团队精神和动力会更加健康，你将会打造出一支专业的团队。这支团队能够互相监督负责，不管你在还是不在。但是，所有的一切都要从“你”开始。

总结和练习

章节重点：非凡的领导者们会更早更勤地与他们的团队及团队成员进行绩效对话。他们会采用球形指导方式，寻找来自于上级、下级、平级同事、外部供应商合作伙伴和其他组织外合作者对自己的反馈。反馈永远都是将行为与结果联系起来的纽带。

重点应用：你必须养成展开绩效谈话的习惯，这样你的团队成员就会知道他们所处的位置。与人力资源部代表一起坐在会议室中突然开除某名员工，这样做是很不公平的，而且也可以避免这种局面。如果你已经发送了一份“某某某已经不再在这里工作了”的声明，那么请花费一些时间考虑一下你在某某某的失败中所扮演的角色、起到的作用。

个人计划：

为了学到更多关于绩效对话的知识，我要学习/阅读/研究__________。

为了得到更多的专业见解、指导和建议，我会与__________进行联系。

我会要求__________来监督我，帮助我保持对__________的责任。

为了获取那些我尚未完全掌握的要素/能力的相关经验，我会在__________（日期）之前去做__________。

第五章

如何带出有战斗力的团队

THE LENS OF LEADERSHIP

拥有勇敢与坚定决心的男人不会在逆境面前倒下，亦不会放弃自己的职责。

——西塞罗

1
“异卵双胞胎”：权力和影响力

权力即信任，我们对它的使用负有全责。

——本杰明·迪斯雷利

领导的终极目标是你将团队带到一个由顾客或者竞争对手发现的商业领域，获得那些聪明的、有雄心的、能够自我管理的团队成员的尊重与欣赏，并通过努力工作持续不断地获得超越股东预期的工作业绩。天啊！这可是一个值得实现的史诗级目标，要求你永无止境地去追求。本节讲述的是两个非常重要的工具，任何伟大的领导者都需要这两个工具，是藏身于所有的追求当中的，它们就是：权力和影响力。

对你来说，这一节将会是关于这对“异卵双胞胎”的启蒙读物。你需要理解他们的产生根源以及他们的力量和局限。如果你能理解隐藏在他们背后的意义，知道什么时候应该利用他们，什么时候则不要，那么你将会成为一个更加高效的领导者和追随者。熟练掌握权力和影响力，意味着你要从一头瓷器店里的莽撞公牛，变成一名拥有巧妙策略的、拥有“精通人性”美誉的领导者。有策略地使用权力和影响力，其优点是能够让你更好地激励你的下属，并且启动他们自有的内在动力。你要确保他们能够进行自我激励和自我充电。

异卵双胞胎

数世纪来，已有数不清的文学作品和书籍讲述过权力与影响力。本章的目的是使用可以在现代化工作场所应用的实用性知识来武装你。有些人对权力和影响力的看法是“一个硬币的正反面”，我则视他们为一对异卵双胞胎：十分接近，有着相似的本质，但是也有一些巨大（有时也很微妙）的不同，使它们能够清晰地区分彼此。你能够越好地理解它们，你就能够越好地同时利用二者，并且阻止一个统治另一个的情况发生（这会伤害到你的团队绩效）。

“权力”并不总是个肮脏的词汇

权力是这对双胞胎中名声不好的那个，因为它被使用得太频繁了，而且也不是很有创造性。权力是一个生硬的工具，它经常被错用，就好像杀鸡的那把牛刀，打蚊子的那门大炮。最优秀的领导者们知道权力有不同的类型，他们能够依照具体工作情况来挑选不同类型的权力，并且有意识地限制使用。我最喜欢的权力模型来自于社会心理学家约翰·弗伦奇和伯特伦·雷文1959年提出的“社会权力的基础”。他们将权力划分为职位权力和个人权力两大类，这两大类下面还各有三个小类。

职位权力：奖赏权力、法定权力、强制权力

奖赏权力是一种能力，拥有这种能力的人可以发放资源和其他被需求的刺激物给那些潜在的接受者。不管我们的职位和身份是什么，不同的人都有不同的好处可以给予他人：一位部门财务总监可以通过降低某一行业指标的负面影响来提高工厂的奖金福利支出；一名市场营销团队的经理可以让一名团队分析师带薪休假一天，因为这名分析师为了完成一个重要项目已经连续加班熬夜两天；甚至一名在甜品店打工的高中学生都能为他的朋友们提供一份菜单外的超大号冰激凌。我们如何运用我们的能力去奖赏他人，显示了我们对于人类物质激励的不同理解。如果你奖赏得过早或者过于频繁，那么它就失去了作用。如何以及何时使用奖赏，能够揭示一个人的性格特性。

法定权力是一种可以指派工作、制定决策以及通过法律、政策、地位、职位赋予的权威身份来进行管理其他公务的能力。法定权力通常也是以“双输”工具的身份出现，因为伴随权威与伴随责任一样脆弱。如果你经常使用你的法定权力命令员工做事，那么你需要重新审视你这种做法的有效性了。我们经常能够听到一位缺乏自信的领导者是这么滥用他的法定权力的：“你做就行了。我是老板，我让你去做的。你只要去做就行了。”在这些话从你嘴中脱口而出之前，你需要立刻脱身，找个没人的地方重新阅读本节这一节的内容，直到你能够理性地思考之后，再使用其他类型的权力和影响力回来处理这一情况。不管在你行使法定权力时感觉有多好，你都不能滥用，只有当面临人员安全或者其他重大损失时，你才可以使用法定权力。“双输”不仅会伤害你的团队成员、你正在进行的工作，还会伤害你的个人领导力品牌——如果你无法为你的法定权力负起责任。

强制权力是对某人实施惩罚或者收回对方需求资源的一种能力，它是奖赏权力的邪恶双胞胎弟弟，但是不要认为它是被法定权力完全控制的工具。追随者们也可以通过低下的工作质量、效率来行使这一权力对抗他们的领导者。工会的罢工威胁就是一种强制权力，其原理和公司主管威胁开除某人是相同的。不管在哪种情况下，这种形式的权力比法定权力还要脆弱。如果对方已经忍受你的权力多时，并准备以牙还牙——以他的权力与你进行对抗，那么即使是带有威胁的隐约暗示都会让对方爆发，打你个措手不及。所以，如果需要的话，你也要非常谨慎地使用强制权力，毕竟，你还有更好更有效的工具可以选择。

个人权力：参照权力、信息权力、专家权力

参照权力是一种被他人“转回”到我们身上的力量，这里的“他人”指的是与我们有着深入人际关系的人。这种权力也可以被称为“关系权力”，人际关系的力量越大，领导者的参照权力就越大。参照权力通常来源于领导者的个人魅力和吸引力。你是一个被他人效仿的榜样吗？你的个人经历是否能够激励他人？大家是否一致认为，你的理想就是团队的奋斗目标？所有这些都会加强你的参照权力。你要小心，参照权力很可能会通过冷淡被滥用。这种权力更像是存款：你需要不断地增加你的账户数字来保持它的强大。这样，它就能够承受一次善意错误造成的巨额提款（尤其是你对错误进行了真诚深刻的道歉）。但是，如果你提款数字超过了你的存款数额，那么参照权力就会枯竭，那些曾经被你影响过的人会离你而去，并且不断贬损你的领导力品牌。

信息权力来源于知悉内情的能力或者感知能力。信息权力可以来源于人们合法获取的技术、个人信息（散播这种信息，很可能是一种违反道德的行为），或者来源于人们的政治、社交人脉。不管来源于什么，信息权力源于对信息的获取和掌控，以及掌控信息的人是谁，他是做什么的，或者他是为谁服务的。就是一个人因为他所拥有的信息，或者拥有获取信息的资源，而获取到信息的权力。

专家权力来自于知识和经验。一旦“全能型”领导者们经常性地从“工作中”被调离晋升，换句话说，追随者和团队成员大体不变，但是团队领导者经常变换，在这种情况下，在下属层级中会自发地产生这种权力。如果你是一家等级森严的组织的领导者，那么你需要努力培养与技术专家们的职业关系，这样你就有了一个紧密的同盟，可以在你需要专家意见的时候为你帮忙出力。如果你在日常共事中像对待“仆人”一样对待专家，那么他们很可能在你最需要的时候拒绝使用他们的权力。经验丰富的领导者们知道团队中的核心专家都是谁，并且会与他们发展出紧密的职业人际关系，显示自己对他们专长的感激和欣赏。

即使在那些最先进最平等的组织中，依旧会有一些人拥有更多的权力。请不要忽略这个事实：组织中的每个人都拥有一定的权力。卓越的领导者们知道最好用的权力，就是那些使用起来最轻的并且能够与影响力手段结合起来的权力。

影响力中没什么是“软”的

影响力通常被某些人认为是双胞胎中较弱的那个。不过事实并不是这样。即使在等级制度森严且充满了法定权力的组织中（比如军队、警察），影响力依旧是完成重大工作最强有力的方法之一。你需要使用影响力来缔结同盟，因为它能够产生更好的想法。我的经验是，在那些健康的（甚至适度透明的）组织中，最终获胜的总是那些最好的想法（不管那些与之作对的法定权力）。

请记住，和权力一样，任何对影响力的孤立使用，或者带着错误动机使用，都会造成严重的领导错误。你选择一个特定影响力策略组合的原因，与具体的策略选择是一样重要的。最优秀的领导者们明确地显示出他们是为了组织最大的利益而工作。我喜欢天普大学的研究员大卫·基普尼斯和斯图尔特·施密德对于影响力的描述：

硬影响力

展示影响力的合法化策略是使用你的角色或者你的职位产生的呼吁来完成工作。这些呼吁是一种和影响力策略相同的力量，这种力量应该被柔和地使用，而且在使用前需要思考到所有可能产生的影响。当你要求某人去做某事，并且调用你的职权或者提醒对方注意你的权威时，这就更感觉像是权力，而不是影响力。

施压策略则是另一个“硬”手段，感觉更像是权力而不是影响力。施压可以像反复提醒或者呼吁一样温和，但是它也能够像直接威胁一样明目张胆，充满负能量。你不要自己亲自使用施压策略。一旦有人利用施压影响你去做某些你认为错误的事情，那么你就需要向他人寻求建议或者指导。

理性影响力

逢迎讨好，就像戴尔·卡耐基所说，在给一个人刮胡子前，先要给他涂上泡沫。只是为了完成一件特定的任务，就去逢迎讨好某人，只会为你带来虚假的朋友和真正的敌人（如果你被发现的话）。为了让某人以你的方式看待一个特定的问题，就对他进行违心的空洞的赞扬，这是一场危险的赌博。在某些文化中，为了得到问题的解决方法，你可能会被要求将自己放置到一个需求者的位置。当你在其他文化环境下进行工作时，你应该向信得过的、有文化的当地人寻求建议和帮助。在西方文化中，这种奉承可能会造成更多的伤害，而不是帮助。

联盟策略是利用他人的影响力与权力去完成更多的工作。举例来说，如果你是一个跨职能团队的财务人员，想要通过改变生产原料来节省资金，那么你可能要与供应链部门合作以确认价格，与客户调查部门合作以确认原料改变没有影响到关键的事物特征标准，在与品牌经理讨论你的想法之前，你要先获得上述两个部门的支持。你要告诉品牌经理这是为了公司的最佳利益考虑，向他解释你是在寻求解决一个问题的方法的一致意见，然后你还要向他表示你不是在使用你的联盟下定结论，你是在集思广益，从大家身上寻找最好的解决问题的想法。一旦你的动机出现了错误，那么联盟策略就会变成一场纯粹的力量角逐：“我能够带更多的投票人或者法定权力来进行这场决策对话吗？”

交换需要交换人情（好处）或者所有参与方都渴望的奖赏，创造一个双赢的局面来获得一致的意见。当交换发生在一个健康的环境中，它是一场关于结果的谈判，谈判双方关注的是共同利益，而不是某个人的立场。但是一旦进入极端环境，谈判就会变得失衡，甚至不诚实不道德。满足所有谈判参与方的共同利益并不容易，参与方谈判越多就会越复杂。你能够做的，就是保持简单和透明。

理性说服，讨论要就事论事，要用事实证据以及缜密的逻辑来说服对方。当事实站在你这一边，这就是一个能迅速见效的影响力策略。但是请注意，不要装出一副你掌握所有事实的样子。当进行理性呼吁时，你需要使用一种暂时性的语气，并且询问他人你是否在呼吁中遗漏了什么内容。这种咨询型方法会让你看起来不那么咄咄逼人，还可以让你同他人交流，告诉他们你正在寻求他人的知识与帮助。这种策略的另一种用法是与他人交流反对你的计划所带来的自然后果。你要谈论那些会必然发生的事情（不是某些权威会施压这种事情，而是那些被忽略的事实造成的后果），那些无法避免的不良后果。当然，你必须要保证你掌握的所有事实都是真实的，而不仅仅是你对事实的看法。

软影响力

个人呼吁是使用朋友关系及其他个人关系来获得你所需要的东西："你看，我们要训练孩子的足球队，一周五个晚上。难道我们就不能让这个项目的推进更有效率些吗，把这两个需求结合在一起不就好了吗?"在今天这个互相联通的合作化世界中，将工作与个人生活混杂在一起是不可避免的，而友情的力量是经过时间考验的，能够以一种健康的方式互相给予与索取。我们都肯为那些"不仅仅是工作关系"的人多付出一些，多做一些工作，但是请注意，你不能为了工作利益而欠下人情债，因为在货币不对等的情况下（金钱 vs. 人情）很难准确地进行交换。为了完成工作或者自愿项目而从自己的个人关系账户中支出，这个方法也太昂贵了，这样做很可能会让你失去一位朋友或者同事。

鼓舞人心的呼吁是为了占据道德的高地，召集为你的事业付出的人群。你需要将你的努力与更高的目标，或者其他一些普遍被呼吁的事情联系起来，同时你还要寻找那些已经具备你所倡导言行的人，将他们树立为行为榜样。当人们不按照你的方法进行思考时，针对人性中积极善良的部分进行呼吁是最高效的解决方法，这比让人们担负内疚与悔恨有效多了。此外，你还要设立一个对话框架，让人们对你的诉求回答"是的""好的"。给他们一些鼓舞人心的事物让他们去赞同，这样你就能够继续以你的方式去影响他们做出改变。

咨询会涉及专家和其他感兴趣的利益相关者，其目的是让他们接触到你的想法并且给予宝贵的意见。与通过正式访问取得信息相比，咨询能让你更快地获得专家们的专业意见，以最快的速度获得足够的信息来进行决策。当然，咨询应该至少包括一位有代表性的利益相关者，这样会让他人对决策更有信心和责任感。

权力与影响力如何结合

人们会根据他们所拥有的权力类型选择相应的影响力策略。拥有大量参照权力的人会选择影响范围最大的影响力策略。当人们发现与他人相比自己具有优势时，会使用施压以及合法化这些硬策略。在其他情况下，人们会自行选择其他策略组合。

我在约翰逊·维尔香肠公司进行的调查是在创新领导力中心的支持下完成的，其结果说明：那些“最优秀”的领导者们（那些能够持续不断地获取最优秀业绩并且被他人尊重的领导者）能够使用广泛的权力和影响力策略。比起那些仅仅只能使用一两项策略的领导者来说（他们觉得这一两项策略是“最适合”他们的或者最符合他们个性的），最优秀的领导者们往往会使用所有类型的权力和影响力策略，他们根据情况来选择最适合的策略组合。这种最佳策略的选择应用需要事先考虑以及强烈的目的性，但是它能够达成更好的结果。

另一个强大的影响力模型

基普尼斯和施密德的分类系统对于影响力的类型描述是十分重要的，而我知道的最简洁、最实用的、能够诊断影响力失效原因并且帮助你进行正确影响力行为的模型，是 VitalSmarts 的六源影响力模型。这个小小的 2×3 表格可以在你需要的时候随手画在餐巾纸上。它既全面又简单。什么力量在影响着个人的动机和能力？什么力量在影响着他的社会人脉？他是如何被那些非人为因素所影响的（例如雇员激励计划、技术以及公司政策）？每名领导者和追随者都应该理解并掌握这个强大的工具。

像混合动力车一样领导你的追随者

在前文中我引用了弗雷德里克·赫茨伯格的文章《再论如何激励员工》中的内容来解释“一名员工从工作本身中获得的价值，才是他选择留下并专注工作的原因”。这种对工作的专注需要动力，但是这种动力是领导者提供不了的，这种动力一直以来都是神话一样的存在，直到赫茨伯格使用他的宠物雪纳瑞将这个神话带入了现实生活中。

赫茨伯格解释道，许多领导者都会使用“踢一脚”的领导方式来激励他们的员工完成工作。对此他的看法是：“如果我在肉体上或者精神上‘踢了’我的雪纳瑞一脚，那么谁被激励了？我被激励了。狗只是动起来了而已！”所以，“踢一脚”这种负面领导方式并不能带来激励效果，它能够带来的只是运动。

正面刺激（或者说，积极的“踢一脚”行为）失败的原因也是相似的：“现在我的雪纳瑞已经完成了服从训练，我手里拿着一块饼干，然后狗就动了。再说一次，我才是被激励的对象，狗只是动起来的那个。我所做的只是使用了正面的‘踢一脚’行为，我只是把推变为了拉而已。”使用这种“激励”方式，只能继续增高风险，降低员工的物质和精神价值。

最后，赫茨伯格解释说，领导者不能总是为他们团队成员的“动力电池”充电。你应该做的，是像一辆混合动力汽车一样领导你的团队：混合动力汽车在使用汽油行驶时，会自行为自己的电池充电。但是，你如何才能在你的团队中安装一个“自动发电机”呢？

领导“整个人”

已故的史蒂芬·柯维博士对此写到，我们会为一名员工的强壮身体、灵活的头脑，或者这二者在特定工作中的组合而付钱。但是，这名员工也是带着他的“心”（或者说他所关心的事物）来上班的，他还带着他的“精神”、他的梦想和他的远大志向与他一起来到工作场所的。

赫茨伯格和柯维一致同意：最优秀的领导者只需要把追随者与他们认为高贵的、值得他们为之努力的工作结合起来，并且将他们的工作与他们为自己创造的（而不是为公司创造的）、有价值有意义的未来联系在一起，就能完成那些最伟大的工作。这就是在你的团队安装一个“动力发电机”的本质，这就是为什么你应该像领导混合动力汽车一样领导你的团队。

转换型领导者

交易型领导会在团队中培养一种以交换为基础的人际关系，但是只有在交易是基于共同利益时，这种方法才有效。团队可以在共同利益层面上运转很长一段时间，但是他们很可能无法达成杰出业绩。这些领导者能够让列车准时进出站，但是一旦时刻表发生变化，或者“奶酪被移动”时，他们很可能无法很快很好地进行调整适应。

非凡的领导者们精通权力和影响力的力量。他们知道在团队中他们应该起到激励团队成员的作用，他们也知道每一名成员都必须从自己身上、从自己的工作中找到自己的动力。那些能够做到这些的领导者，正走在成为“转换型领导者”的路上，而不会滞留在交易型领导者这个角色上。

今天的“概念时代”（变化的发生极其迅速，竞争十分激烈）要求领导者们能够与他们的团队成员建立强有力的关系。他们必须能够在关键时刻使用他们的外向型魅力来激励他们的团队（即使他们天生是内向型性格），培养发展每一名团队成员，并且向团队成员们传达目标的调整改变。在转换型领导者的领导下，追随者们会自发自愿地加倍努力工作。高层领导者都青睐转换型领导，并且一直在寻找转换型领导作为自己的追随者，因为转换型领导的热情是极富传染力的，公司所有层级的人都希望能够围绕在他们身边。转换型领导愿意将自己的需求置于团队需求之后；为了提高团体在技巧、志向、前进方向和工作成果这些方面的整体水平，转换型领导乐于被团队成员们质疑挑战。被转换型领导者领导的团队是强大的，团队成员们会为了对卓越的追求而紧密地团结在一起。

使用“领导力透视镜”来观察权力、影响力、动机和转换，你将能够成功激励你的团队，获得更加团结的团队关系并以此达到更优秀的工作成果。

总结和练习

章节重点：通过理解权力和影响力这对异卵双胞胎的力量和局限性，可以提高团队的绩效水平。最优秀的领导者们能够使用所有类型的影响力策略。身为一名领导者，你无法激励任何人，员工们必须进行自我激励。通过使用正确的权力和影响力工具，你可以让你的追随者像混合动力汽车一样，能够为他们自己的“动力电池”充电。

重点应用：在最优秀的公司组织中，衡量一个领导者的好坏，既要看他的追随者达成的业绩，同时也要看领导者领导追随者达成业绩的方式。如果组织太过于重视业绩，就会成为一个可怕的“吸血式”工作场所，其业绩表现必然会低于其潜能。如果组织太看重领导方式，则无法完成目标，业绩持续低迷直至停止持续经营。身为一名领导者，你必须找到二者的平衡点。你可以使用正确的权力和影响力组合工具，创建一个合适的环境让团队能够达成非凡的工作业绩。而这，对于一名领导者来说，也是工作的奖赏与回馈之一。

个人计划：

为了学到更多关于权力和影响力的知识，我要学习/阅读/研究__________。

为了得到更多的专业见解、指导和建议，我会与__________进行联系。

我会要求__________来监督我，帮助我保持对__________的责任。

为了获取那些我尚未完全掌握的要素/能力的相关经验，我会在__________（日期）之前去做__________。

2 推动员工达成超越自己想象的成就

如果你想造一只船，不要招揽人手去收集木头，也不要指派他们任务和工作，你只需要教给他们对一望无际浩瀚大海探索的渴望。

——安东尼·德·圣－埃克苏佩里

我不必非要去喜欢我的队员们和助理们，但是身为他们的领导者，我必须爱他们。而且请相信我，先生们，我的爱是永无止境的！

——文斯·隆巴迪，在训练营欢迎新队员致辞

当你思考“团队”这个词的意思时，在你大脑中浮现的画面是什么呢？这个词包含的内容太多了。在某种程度上，它已经成为了某种像“妈妈”或者“苹果派”之类的东西——你怎么可能不想（从她们那里）要求更多呢？一些经过时间验证的行为和态度能够打造出一只高绩效团队，这些行为和态度已经广为所知，而且也很简单。但是，“简单”并不意味着“容易”。说它们不容易，是因为人类是混乱的、爱出错的生物，生性喜爱选择那些最容易的路线、害怕并竭力避免风险。要成为一个高绩效团队，要求的是持续不断的自我约束以及对追求卓越的承诺。克服知行差距要求的是时间上的、精力上的投资以及所有团队成

员对于纪律的遵守（而不仅仅是领导者）。一个高绩效团队，同样需要持续不断地维持高绩效的警觉意识。一个团队，不可能永远处于一个稳定的状态，它不是在提高中，就是在削弱中。不管团队处于什么状态，就像领导力作家兼演讲家吉姆·亨特说的那样，不管是“绿色的成长的，还是成熟的腐烂的”，都是团队领导者的反映。

你可以找到许多真正的高绩效团队范例，这些团队遍及全世界，遍及商业、运动、军事、学术、医疗等领域。这些团队赫赫有名，已经成为了传奇：那些因为伟大成就而声名显赫的团队，会继续用杰出的表现维持他们的声望。这样的伟大团队包括了：乔丹时期的芝加哥公牛队、美国奥林匹克代表队、海豹六队、太阳剧团以及蓝天使飞行表演队。他们的运动、行动、表演看上去都很轻松简单，但是你可以知道他们进行了多么辛勤的工作，做出了多么令人难以置信的牺牲，才能够获得这样的表现。

领导者和“使命中的友情”

当你用“领导力透视镜”来观察你的团队时，你能够清楚地看到教练的责任和义务是如何推动团队成员们达成超越他们自己想象的成就。伟大的美国国家橄榄球联盟教练文斯·隆巴迪（在本节的开始引用了他的名言）肯定也是这么认为的。领导者，应该成为最严厉的监工。但是请注意，绝对不要一直都扮演关键挑战源的角色，更不要伤害我称之为的“使命中的友情”——通过持续完成任务成为高绩效团队过程中建立起来的团队凝聚力。在大部分民间高绩效团队中，有一点非常需要注意：如果你让你自己成为团队中持续不断的挑战源，那么你就面临着被“请出团队”的风险。

在史诗级著作《兄弟连》中，史蒂芬·安布罗斯讲述了一支美军小队在二战后期的英勇战斗故事。E连的第一任指挥官是赫伯特·索伯尔上尉。索伯尔被指派的任务是：将一帮毫无经验的伞兵打造成一队训练有素的武士，并做好进入欧洲战区的准备。但是很快地，索伯尔就被他的手下深深地鄙视了。他的任务是训练队员，让他们做好肉体上、精神上和情绪上的准备，以应对未来的残酷战斗。但是他对队员们的逼迫太紧太狠了，以至于让自己成为了整个团队的敌人。他做得太过火了，成为了一名打着磨练士兵旗号的无情监工。他的手下，甚至他的同事都认为，折磨手下、给予手下绝对无法完成的目标（这甚至大大损害了团队的士气和表现）就是他的乐趣所在。所以，在连队进行诺曼底登陆前，索伯尔不得不被从团队中移除。

从索伯尔的故事中，我们学到了把领导者角色和挑战源角色分开的重要性。自我牺牲与分享能够建立起纽带，严厉的考验则可以进一步打造一支队伍的自信与同志情谊。但如果一名领导者无法将团队注意力集中到某些外部敌人上（这很简单，你可以让一个小小的电脑病毒成为你的调查团队的“敌人”）并将其作为团队共同目标的一部分，那么这名领导者就有成为团队敌人的风险。我不知道对你和你的团队来说这条（成为团队的敌人）分界线具体在哪里，但是最好的领导者至少能够意识到这条分界线的存在，并且能够设下警戒装置（例如，那些能够安心坦诚讲述实情的核心团队成员、助理教练、顾问委员会委员，等等），以免自己做得太过火伤害到了使命中的友情。

打造高绩效团队的基石

一个团队是由那些能够将自己的个人利益和意见放在团队统一性和效能之后的人组成的。只需要少量的态度和行为就能打造出一支高绩效团队。要说简单，的确简单，但是可不容易。

- 一个明确的、有吸引力的共同目标

是不是团队中的每个人都知道“成功”是什么样子的？每名团队成员都能解释团队要如何获得胜利吗？这里有个关于石匠和建筑物的古老寓言：有些石匠会告诉你他们只是日复一日地砌砖，而高绩效石匠则会告诉你他们的团队正在建造一座壮观宏伟的大教堂，数世纪后人们依然会在此祷告。那么，你的每一名团队成员都能清晰地描述出团队的任务或者战略目标吗？我不是说呆伯特漫画中那种死记硬背的方式，而是一种充满了个人激情的方式，他们能够做到吗？

你团队中的每个人都能说出每名成员对于团队统一性的责任吗？你的团队是否建立了自己的“文化”？你是否有意识有条理地与团队成员们展开关于预期态度和行为的对话？早期的文化适应非常重要，或许仅次于文化适应的有效预筛选，文化预筛选是文化团队长期成功拥有高绩效的最重要条件。

你们所有人是否都知道团队的界限在哪里（以及什么在界限内，什么在界限外）？你是否知道阻碍哪些胜利的指标应该被测量？你一定要做对这一部分，而且一开始就做对，这样你的团队成员就能够使用这些作为他们的指导原则。

- 致胜的文化

最优秀的团队们会频繁地、毫不羞愧地谈论胜利及其标准。不管你身处商业组织，还是像商业组织一样运行的非营利组织、调查团、远征探险队，或者是专注于创作前卫艺术的团队，最优秀的团队都痛恨失败。你或许会失去市场份额，失去一位大慈善家的捐助，在实验室确定的条件下，一个本应稳定的化学链或许无法继续维持它的链接；你的分销商或许会让你失望，并且让你损失不少的时间和金钱；一位竞争者可能以早于你团队千分之一秒的时间率先冲过终点。不管你的团队如何界定失败，它都是高绩效团队深恶痛绝的。高绩效团队会毫无畏惧地谈论如何“击败”对手和竞争者们，把情敌们“送回家”——最好痛哭流涕地去找他们的妈妈，这就再好不过了。

- 开放、坦诚的交流

帕特里克·兰西奥尼在他的著作中提到，与普通团队相比，高绩效团队拥有多种不同类型的对话方式。

他们利用健康的冲突（百分之百坦诚加上百分之百的尊重）来迅

速获得最好的想法。

自我监督。他们不需要领导者来矫正他们的行为或者让团队成员承担责任，因为每一名团队成员都会这么做。这种责任感大大减少了社会学家所说的“社会惰化”——个体在群体中工作不如单独一个人工作时努力的倾向。

他们不会隐瞒自己对的想法或感觉，因为他们尊重彼此。

在高绩效团队中，没有什么是“无法讨论的”。他们不惧怕谈论任何阻止他们达成目标的话题，即使问题出在领导者身上也一样。他们之所以能够感到无拘束地进行讨论，是因为这不是针对个人的：这是关于目标，关于团队，关于如何取得胜利的。

这些团队的成员会承认自己的错误和弱点，因为他们互相喜欢和尊重，他们需要互相填补个人的能力空缺。

- 高绩效的预期

人们都希望相信自己身处一个伟大的团队，追逐着一个伟大的目标，并且不论输赢都在一起。他们认识到了互相要求监督承担责任的必要性，认同胜利所需的那些言行和态度。他们认识到毫不妥协、持续不断地改善和提高是必需的，即使有时候提高的速度让人感觉不可思议。

- 团队精神

如果你在 20 世纪 90 年代中期询问迈克尔·乔丹他是做什么的，他不会告诉你他是一名 NBA 篮球运动员，他会告诉你他是一名芝加哥公牛队队员。就像任何的帮派或者部落一样，高绩效团队拥有自己的仪式、符号以及神话故事，而这些永远都是关于团队的，绝不会是关于组成团队的个人。这些符号的通常表达方式有团队 T 恤、印有团队标记的水壶、内部暗语，甚至有可能是一本团队语录，记录下那些能够博大家一笑的有趣言辞。这一切都来自于强大的团队精神。即使在最艰难的时期，这种团队精神也会维持着团队一致性，维持着团队成员的个人动力。

• 足够的资源和工具

世界是不公平的。有些团队能够得到更好的资助，有些团队能够获得更多的成员，有些团队能够获得更优秀的成员，有些团队可能会拥有超一流的设施和更高质量原材料的途径。不管怎样，高绩效团队的成员们会一起努力克服不利条件，达成他们的共同目标。对这些团队的领导者来说，最大的考验就是，他们能为团队“争取到”多少。但是最优秀的团队不会拿资源劣势作为失败的借口。如果你失败了，原因是其他团队的公司购买了全新的产品研发实验室（而你的公司没有），那么失败还是失败。不管怎么说，失败都糟透了，所以，寻找一条不需要新实验室也能获胜的方法吧。

• 明确定位的角色

任何一个现代团队都有许多任务依赖于不同的、专门的角色。最优秀的团队能够确切地知道谁应该做什么，并且它们已经对团队成员们进行深度交叉训练，以确保在任何情况下每个人都知道自己应该做的是什么。这些团队甚至会使用无法想象的场景来训练团队成员，同时还会不停地磨炼个人和团队的决策制定技巧，以应对无法预测的情况出现。

• 清晰的领导队列

伟大的团队都拥有一名能够为最终结果全权负责的领导者，不管是胜利还是失败。而这，就是“领导力透视镜”实施的全部前提。但是高绩效团队充满了情境式领导者，他们会在正确的时间勇敢地站出来进行领导工作，因为他们的技巧和耐力，或者他们的物理位置将他们推上了在那段时间中最佳的领导位置。就好像大雁一样，每名成员都会在需要时领飞整个团队，而其他成员则会“鸣叫着”表示对领导的接受与感激。

打造你的高绩效团队

好了，你现在拥有一支不错的团队，而且团队成员也都理解了成为高绩效团队的基础。这里有一些已经经过行动实践的理念，你可以使用它们来提高你的团队：

团队就是其领导者的反映

你需要记住的最重要的事情就是：任何团队都会反映出其领导者的个性与行为准则。无论怎么强调角色示范的巨大力量（好的或者坏的）都不为过。不要要求团队成员们达到我们自己都明显不愿遵守的标准。否则你就是在培养团队成员们的愤世嫉俗心态和对领导者的蔑视，这二者中的任何一样都会大大增加打造一只高绩效团队的难度。

你的态度也会在无形中设立标准。当问题出现时，你是抱怨呢，还是培养基于实际情况的问题解决精神呢？面对低潮期，你是一名悲观主义者吗？我建议，你应该坚定地表现出“战争中的墨菲法则”那样的榜样精神——“永久的乐观主义是成长的力量”。

保护异议者角色

在任何一支高绩效团队中，你都可以找到一些人（不是每次都是相同的人）愿意发出不同的声音，尤其是当有些事情看起来不对劲的时候。这个人不必非要同意你最新的决策、公司内部普遍持有的态度，或者是现有的传统智慧。很多现在普遍认为是具有远见的历史人物，在当时却是默默无闻的，因为他们有勇气成为异议者。

作为一名领导者，你不仅必须去保护异议者角色，你还要鼓励团队成员去自愿担当这个角色，因为异议者能够揭示其他人看不到的盲点。我的伙伴兼海军学院同学维奇·哈德尔不久前从海军海豹突击队高级军官的职位上退休了。我曾经请他向我解释，在一个充满了绝对专业性

（即使初级军官也是专家中的专家）、要求绝对服从权威的团队中，他如何处理异议者和服从者这二者之间对立的关系。他看着我，说道：“科里，有时候在制订计划时，他们会看着我并且对我说：‘去你的，长官！’只要他们的句尾还带着‘长官’二字，我就会很认真倾听他们的意见。”这种知道在计划制订中提出异议、在战斗中绝对服从的干练与成熟，也是海豹突击队职业素质培养的一部分。如果这些团队领导者能够在培养出异议者角色同时依旧获得成功，那么你也可以。

再深一点！再深一点！

这可不是为了石油，而是为了实践。面对风险很高的情况时，慎重的实践以及在反复实践中产生的自信将会是成功的关键因素。我在军队中学到的最重要的一课就是“像战斗一样训练”。当然，这个建议并不仅仅适用于军队。如果你想训练及教育你的员工，或者培养他们面对突发事件的应变能力，那么战争游戏是最有力的工具之一。那么你要如何使用战争游戏呢？首先，你需要召集组织内跨职能团队的成员们进行一个“咨询会议”，挨个儿研究你们最重要的竞争对手。然后要求他们以竞争对手的视角来研究商业战略和策略，并把这些战略策略呈献给组织领导者们过目，接着你需要研究如何进行反击，你可以联系一家著名的商学院，雇佣一名市场营销策略方面的教授，来进行一场基于软件的市场竞争的更为老练缜密的模拟战。谁会害怕一场小小的内部商业战略友谊赛呢，是不是？

为了准备应对高风险情况，另一个易于使用的工具是“杀手委员会”。在杀手委员会中，你最好的最犀利的同事们会扮演听取你汇报的直属上司或者大老板们，而且是加倍强硬版的。他们会问你那些最重要的战略问题，最难缠的细节问题，与主题最不相干的边角问题，以及那些最让你意料不到的问题。这些问题都是你可能在最终汇报中遇到的。但是现在你身处一个安全的环境中，可能是你组织里的会议室，也可能是酒吧的小包间，在正式汇报前你可以让你的同事们一直对你提问，直到你能很好地回答所有问题。如果你能通过杀手委员会，那么真实的汇报就是小菜一碟了。杀手委员会遵循的哲学思想是："为了失败进行训练，而不是为了完美。"如果你每一次都能成功搞定，那么你根本不必担心正式汇报时会出错。如果每次练习，你都出了些错，那么最终你也会从每次失败中获益。

为了持续高效地进行实践，你还可以使用桌上游戏以及电脑软件，创造一个虚拟的世界并参与其中。或者你也可以从《哈佛商学院案例》中挑选与你现实情况相像的那些案例并且研究如何去"解决"。

人才培养计划

身为一名高绩效团队的领导者，你需要为更远的将来思考，而不仅仅是一个季度或者是一个财政年。你需要寻找并且培养未来的人才。在《水牛的腾飞》中，拉尔夫·斯德尔写道：最好的教练们是"杰出高效的分类者，知道哪些人在他们的帮助下能成长为世界级的人才，哪些人则不能"。吉姆·柯林斯则这么形容："让正确的人上车，让错误的人下车，让上车的人坐对位置。"你必须招聘并且培养人才，为了未来，为了今天，为了每一天。

谦逊

谦逊和感激并不软弱。即使在大多数竞争野蛮的产业中，那些绩效最高团队的最佳成员，也都具有高度自我意识和谦逊精神。他们知道，一旦失去了团队协调互补的力量，他们就不可能在长期工作中获得持续不断的优秀业绩。在迈克尔·乔丹的名言中我最喜欢的一句是："个人可以在比赛中取得胜利，但是只有团队合作才能赢得冠军。"

谦逊是团队合作的必备条件。尤其是当我们身处"高处"时，谦逊会提醒我们是怎么到达那里的。已退役海军中将兼试飞员丹尼·麦克金曾经是美国海军采购计划在五角大楼的首脑，那时他狠狠地批评了一支自满的队伍："不要把自己变成一支自己舔自己的甜筒冰激凌。"高绩效团队几乎从不自满，他们会埋头苦干，好像他们从没有真正的“做到过”一样。

表示感激

海军蓝天使飞行表演队的飞行员们有一项在每次飞行完毕后都会进行的独特仪式。不管是他们进行的最困难的、需要发挥体力和脑力极限的空中飞行表演，还是从一个机场飞到另一个机场的简单搬运工作，他们都会询问他人：“你飞得怎么样？”被问话的飞行员则会按照惯常进行回复，显示对成为团队一分子的尊重：“我真高兴能到这儿来。”

这个预料中的回答显示了谦逊，但更重要的是，它是在向所有团队成员的非凡的专业水准致敬。不管是什么样的飞行，他们每个人都力争执行得完美，没有什么可以超过他们对自我改善和自我增强的追求。表现最优秀的团队承认并感激他们所属的组织。

真正的高绩效团队非常罕见，因为他们是“最佳的”。他们拥有对目标要求非常严格的领导者，这些领导者会使用“领导力透视镜”来审视团队成员们的表现以及他们对绩效所负的责任。世界上从来都没有“足够好”这种东西。

总结和练习

章节重点：真正的高绩效团队少之又少。创建一个高绩效团队的条件很简单，但是“简单”并不意味着“容易”。它要求一名非常严厉的领导者，以及一队对胜利、对他人具有强烈责任感的成员。

重点应用：为了打造一支高绩效团队，你必须成为一个“高效分类者”，能够区分哪些人在你的帮助下可以变得非常优秀，哪些人则不能。你必须推动留下的那些人接近他们的极限，然后超越极限，这样你的团队才能达成有价值的崇高目标。

个人计划：

为了学到更过关于建设高绩效团队的知识，我要学习/阅读/研究__________。

为了得到更多的专业见解、指导和建议，我会与__________进行联系。

我会要求__________来监督我，帮助我保持对__________的责任。

为了获取那些我尚未完全掌握的要素/能力的相关经验，我会在__________（日期）之前去做__________。

3
抓住关键机遇提升团队战斗力

唉！要是一个人能够预先知道一天的工作的结果——虽然一天的时间很容易过去，结果也总会见到分晓。

——勃鲁托斯，莎士比亚《裘力斯·凯撒》，第5幕，场景1

铁链上一个环节的力量，
决定了整个链条的能力。
谁知道测试会什么时候来到？
那就让它一直承受拉力吧。
——摘自《海军之法》

在海军学院，我最喜欢的领导力课程之一就是“战斗领导”。这对我和学员来说都是引人深思的，因为这个主题就是我们军校存在的原因与本质。所有的海军学员都想知道战斗会为他们带来怎样的挑战。他们想知道自己在激烈的战斗中会如何表现，想知道自己是否能够赢得那枚“红色英勇勋章”。

在阅读并讨论完课程内容后，我会请学员们走出教室。走廊两边墙上挂满了获得国会荣誉勋章的毕业生照片和引言，其中有些甚至要追溯到130年前。我让学员们排成一队，每个人都面对一张校友的照片。我先让他们阅读引言，然后再让他们仔细观看这些英雄们的黑白学生照。接着我会提问："你看到了什么?"每一次，每一名学员都会给出类似的答案："他看起来像我的室友。""他的诡异笑容像极了我的实验室搭档。""他看起来像是没通过考试。""他看起来就好像我们……"

我一边在学员们身后踱步，一边问他们一些问题："你认为他们在拍摄照片的时候，知道他们将要成为战争英雄吗?""他们在这里（学院）的时候，你认为他们为那场牺牲众多生命的决定性战斗做了怎样的准备，最终让他们赢得了国家最高的军功奖?""你认为他们的老师能够辨别出谁将会成为英雄吗?""你们中的哪一个会让自己的学生照挂在这堵墙上，让未来的海军学员们学习你们显示出来的英勇精神?""你准备好迎接你的关键时刻了吗?"

对学生们的领导力发展来说，这是一个严肃的、令人难以置信的强大时刻。当然，这些英雄中没有人能够预计自己会成为"英雄"。也没有人会想在绝境中考验自己。在这些照片中，他们仅仅是一帮看起来局促不安的孩子，因为他们身着的传统制服都很相似，所以我的学生们很容易就认同了他们（觉得他们像自己的室友、搭档）。每一位美国英雄，都是因为他们充满勇气的行动而被认定是英雄，但是他们也是被命运逼到这个无法避免的境遇下的：没有人希望在自己的"关键时刻"失败。

矛盾的谦逊英雄主义

霍华德·迪格南是我接触过的最英勇的人之一。迪格南先生曾经是我在海军学院的理发师，当我真正了解了迪格南先生之后，我深深地感到了自己的卑微与不足。

身为一名海军学员，我充满了年轻人的傲气，等不及为我的国家献身，我很肯定地认为我将会做一番大事，因为命运一定会选择我。在我的记忆中，迪格南先生一直是一位善良和蔼的老人。直到我以讲师的身份回到学院，我才有时间真正去了解我的理发师。我花了好几个月的理发时间才哄骗他讲出了自己的故事：陆军上士霍华德·迪格南可是做过一番让人无法想象的英雄壮举啊。他是第一批登陆奥马哈海滩的人，第一次在法国淋浴更换军服前，他连续奋战44天。他拒绝了好几次战场任职令，只是为了与他的手下们并肩作战。他在敌后领导一支小队秘密行动，经常会遇到拦截包围，曾经藏身于一个法国酒吧的储煤仓中，这个酒吧当时可是德国军官用来当作指挥部的。在阿登战役中，他被炮火袭击震昏过去，情况严重到被挂上了“阵亡”的标签。他是24个一同参军的家乡伙伴中唯一一个生还回家的。回家后，他成为了一名理发师，一名丈夫，一名父亲，以及他的家乡——安纳波利斯的一名地方议会议员。我知道，命运选择他是正确的。在他的谦逊面前，我感觉到了自己的卑微。

我的朋友兼同学维奇·哈德尔是我认识的另一个最英勇的人。维奇和我曾经一起参加了地处菲律宾、泰国和澳大利亚的夏季军事训练。毕业之后，维奇成为了一名海豹突击队员。此后我们在军队的交集仅有一次，那是在一次中高空跳伞训练计划中，把他和他的海豹小队扔出我的P-3“猎户座”对我来说真是乐趣多多。10~12年之后，我们才通过领英恢复联系。

那时，他已经从海军退役，而我则正为约翰逊·维尔公司的高层领导者们指挥一场如火如荼的商业模拟战。我需要有人告知我公司的领导者们这个商业理念：“战斗在每一天”。于是我找到了维奇，他赶了过来并且为我们一天的工作设下了主基调。接着我们叙了叙旧，我才了解他后来的工作情况，关于“9·11”带来的冲击，关于海豹突击队在伊拉克和阿富汗战争中起的作用。再一次地，我在他面前深感卑微。

很难描述两个海军学院同班同学间的同志情谊是怎样的，但是它无疑是超越时间的，我们之间的联系越来越频繁，就好像我们身处学院里，从没分开过一样。维奇慎重却又巧妙地与我分享了他的经历，他与很多老兵进行过实战探讨，这些老兵参加过诺曼底登陆和朝鲜战争中的长津湖战役，执行过越南战争中的很多任务。他想让我知道，我们的同学与他们部队的光荣业绩并不输于那些传奇英雄们。他并不是吹嘘，他只是让我知道而已，以一名同学兼朋友的身份。

我与维奇就计划战争游戏一事进行了大量的电子邮件往来，在一封电子邮件中他称呼我为“兄弟”。这是我一生中最自豪，也是最心虚的时刻：我居然被这么一名拥有高尚品质的人认为是兄弟。他为国奋战的英勇事迹应该被整个社会所知晓和尊敬，但是维奇和他的勇士们却并不需要这些尊敬。他们需要的只是他们那一个小圈子里的伙伴们的承认：显示他们与他们所继承的那些传奇人物拥有同样的英勇，这是彻底击败敌人的英勇。维奇就是一名矛盾的谦逊英雄主义者。

对你来说，“获得承认”是指你应该成功地赢得你的小圈子、你最亲近的朋友们、跨职能团队成员们，以及你的导师们对你的承认和认可。你要获得承认，并不是因为它能够让你的职业生涯走得更远，而是因为你要谦逊地对待你的“关键时刻”。

每日关键时刻中的英雄行为

日常生活中英雄主义需要那些关键的领导力技巧，但是它更需要的是勇气。勇气是你在关键时刻中获得成功的关键因素。对此，C. S. 刘易斯写道：“勇气不只是美德之一，它是所有美德在接受考验时所呈现的形式。”为了进行高尚的行动，勇气是必需的。有时候，勇气是在软弱的时刻能够进行自我约束。有时候，勇气是能够压制你个人的雄心壮志，为团队的最佳利益服务。有时候，勇气是在别人都说“不”的时候你能够说“是”。霍华德·迪格南和维奇·哈德尔的勇气，是能够在可怕的实战环境下坚持战斗，不过还有其他非常重要的几种勇气形式你必须掌握：职业型勇气、管理型勇气和道德型勇气。

职业型勇气：将自己放在最后

最优秀的最富有责任感的领导者们，深信那些比他们自己要大的事物（团队、公司组织）并为之服务。正因为如此，他们会将公司组织，或者至少组织的任务放在第一位。他们为自己所信任的组织工作，他们深信组织的事业与目标中包含的良好意图与行为。他们相信组织的价值观，因为他们选择的是一个可以让所有人都获得“声音”的团队。这些信仰指引他们将组织放在第一位，将他们的团队和成员放在第二位，把他们自己放在最后。这种理念可能听上去有种陈腐理想主义的感觉，但是我在几个让我钦佩的同事身上看到了这种行为和理念。他们在组织内被广泛推崇，而且拥有获得杰出的业绩能力，这是因为他们能让他人产生责任感。他们将典型的金字塔形组织颠倒，最上面的是组织，团队在中间，而他们自己则在最下面，紧靠一个点支撑着全部。

管理型勇气：每天必不可缺

我的朋友查尔斯·米勒，是我在约翰逊·维尔公司的一位前同事，现在是 Praevius 集团的合伙人。他认为，在极端情况下那些最成功的领导人是“最灵活、适应性最强的。不管情况如何，他们都会成功。他们不会对行动方针做出承诺，他们承诺的是事业的成功，是他们的良好意图。他们会调整。不管什么级别的混乱，不管什么级别的命令，不管他们的听众是谁，他们都会坚持执行并且完成目标”。

比起极端时刻，一些重要的“关键时刻”没有那么可怕，但是这些时刻也更容易出现在你的日常生活中，下面是如何应对这些时刻的关键技巧：

- 冲突管理
- 勇于面对糟糕的业绩或执行过程
- 勇于独自一人应对
- 同情

- 保持正直，保持道德感
- 展示忠诚
- 大声说出那些傲慢或者不称职的情况

有一些时刻很重要，但是你能提前预料到，这样你就有足够的时间来进行练习、准备、获取他人的意见。但是，更多的关键时刻是不期而至的，这些时刻要求你鼓起你的职业勇气来勇敢面对。

道德型勇气：做正确的事

露娜·斯德尔－马洛尼，约翰逊·维尔香肠公司副主席，教给了我一个道理："商业决策其实很容易，如果你知道你的价值所在的话。"毫无疑问她是正确的。当你在一家诚信可靠的组织工作，而且你知道它的价值和意图是什么时，即使是最难的决策也会显得容易许多。你要使用组织价值作为指导原则，来衡量你的决策。制定财务决策和人事决策，甚至是否进行影响职业生涯对话的决策，已经成为了你的责任与义务。

你的很多东西都处于风险之中

如果你是名警官，或者消防员、飞行员、电力公司的架线工，那么你真的是把自己的性命交到别人的手上。在这些工作中，不但有身体方面的风险，而且还因为这些风险产生了难以信任他人的问题。但是罗杰·卡梅隆，初级军官职业招聘分类之父，鼓励我在商业领域展开我的职业生涯，他告诉我，"商业的每一天都是战斗"。你的竞争者每天醒来时思考的都是如何才能偷走你的午餐钱并且将你踢出这个商业圈。

当你思考勇气在商业领域中的意义，以及什么是你生命中的"关键时刻"时，请想一想你组织中的那些人。在大部分工作中，我们并不面临生命危险，但是我们的生计、生活方式和自身利益，却无疑都面临着不小的风险。我们做出的每个决策，都将我们供养家庭的能力、为社区服务的能力、造福他人的能力置于风险之中。关键时刻的出现，是因为我们将职业未来交到每个人的手中。

是什么让你成为工作中的英雄？身为一名追随者和领导者，你的团队成员需要你的勇气，需要你的英勇精神。这里还有一些其他方法可以让你成为职业英雄：激励他人发展提高他们自己，在他人沉默时勇敢直言，捍卫那些值得捍卫的、身处危险之中的人，矫正你看到的错误（在他人无法做到时）。我们的生活和《生活多美好》中乔治的生活十分相似。我们永远都无法完全知道我们对他人生活产生的影响。

时间：加长的“领导力透视镜”

一次，我和我的女儿谢尔碧漫步在拉雪兹神父公墓，那时候她才16岁。我们四处闲逛，找到了一些刻有流行文化名人的墓碑，但是我们想要寻找的是那些对西方文化产生更持久影响的名人坟墓。当我们游荡之时，突然间对时间产生了强烈的意识。许多18世纪、19世纪的美国政治家、上将、将军、记者、科学家、哲学家们在他们的时代享誉世界，因为他们改变了人类的历史进程。他们的生平事迹被全世界的不同文化研究、学习，即使在他们过世200年后依然如此。现在，他们的生命只剩下骷髅，安放在曾经的巨大宫殿之下，而辉煌的宫殿现在已经变成了被苔藓覆盖的花岗岩、破旧的金属饰品，以及难以阅读的碑文。目睹此情此景，我和我的女儿再次对我们的信仰做出承诺，对我们的亲密关系做出承诺。我和我的女儿分享了夏尔·戴高乐的名言：“世上的坟墓中满是那些‘不可或缺’的人。”

那么你的生活又如何呢？戴高乐是正确的：不管你是谁，终有一天世界的未来中不再有你。你是否让你的团队成员们做好面对这种情况（你的离去）的准备，以防这一天毫无预期地提前到来？在你的培养下他们的自立能力有多强？彼此职位的交叉训练效果如何？特种部队都受过专门训练，可以在缺失任何人的情况下继续完成任务：每名成员都要接受其他一至两名团队成员工作的训练。这些特种部队队员都已经做好了面临“关键时刻”的准备。那么，你的团队呢？

每个人都有自己的“关键时刻”

我最早的“英雄事迹”其实是“不英雄的”，因为在那时那就是我的工作。在进行海军潜水员训练资格评估期间，我是一名救生员。当时我已经从舰队的潜水训练班毕业，以大一新生的身份来承担这份工作。我是学院骨干管理团队的一员，而这个管理团队负责的是另一团队的潜水资格评估项目。评估要求候选人们都进入泳池，每个人都要屏住呼吸尽全力在水下潜游，通过终点。

每件事都和预想中的一样：那些健康的、聪明的、富有竞争精神的候选人们奋力潜游，而我们的水下安全员则戴着面罩、呼吸管和脚蹼近距离看护着候选人们。所有事情都十分顺利，直到……

当时，我正在泳池边巡回，观察水面上的问题。这时一名水下安全员浮出了水面，携带着一名失去意识的候选人，很显然这名候选人因憋气时间过长在水下晕死了过去。事情发生得很突然，但是又好像本应如此。在记忆中一切都已模糊，但肯定是我的心肺复苏术救活了他。这时我才发现，这名候选人不是别人，他是格雷格·柯林斯，是我的同学。后来，我还去医院探望了他。这就是我的“关键时刻”，而且我获得了成功，对此我十分高兴，并且心怀感激。那场事故并没有让我们的关系变得更加亲密，因为我们拥有不同的学业、不同的课外兴趣，以及不同的朋友圈，而且我们也没有必要因为一场事故就成为朋友。虽然这是我生命中最重要的时刻之一，但是我并没有花费太多精力去关注它，因为我已经开始了下一段历险，然后继续下一段，下下一段……

让我们快进一下，来到二十年后的未来。那时我正身处海军学院毕业二十周年同学聚会，不断与他人重温当年的友情。忽然间，在足球游戏社交区，一个男人出现在我面前并对我说：“嗨，科里。你还记得我吗?”当然，我立刻就认出他来了。他说，“我想让你见见我的家人，他们知道关于你的所有事情。”然后，我就被两个10岁左右的孩子团团围住，一人握着我的一只手上下摇晃，他的妻子过来拥抱了我，对我为她丈夫所做的事情表示感激，虽然那时她还没有碰到他，更无法预见两个孩子的到来。

天啊，这真是让我深感震惊。这时我才意识到，对格雷格来说，那个时刻不仅仅是“重要时刻”，而要比那更重要得多。在我的记忆中我已经淡化了这件事，但是这对另一个人的生活却起着难以置信的积极影响，虽然我对此一无所知。我永远无法忘记那个拥抱传达给我的、拥有震撼人心的感激之情。我的关键时刻在某些情况下已经重要到我无法想象的地步。但是，我并不是说你非要救下某人的性命才算是成功度过关键时刻成为英雄。

另一个“时刻”，另一个机遇

另一件让我同样自豪的事情，是我对一位在约翰逊·维尔公司下属生产工厂工作的年轻人产生的影响。时不时地，我要轮班进入生产工厂，在那里我可以专注于我的工作，并且与那些真正为我们公司工作的成员们进行交流沟通。而那一次，我遇到了布莱特。那时布莱特刚刚20出头，领导着一个小组，而这个小组每天的人员组成都是不同的。每天早晨，他都要从临时劳务提供者那里领回7~8个陌生人，把他们组成一个小组并且指挥他们去做一些特殊的工作。观察他的工作是一种享受，因为他每天早晨领过来的都是一支一盘散沙的杂牌军，但是每天晚上收工时，这些杂牌军在他的领导下已经变成了一支训练有素的正规军。每天都是如此。

后来，我开设了一门课程，布莱特就是学生之一。我对布莱特的领导能力印象十分深刻，我确认他正走在他的伟大成功之路上。但是，当我询问他下一步他想做什么时，他看起来并没有我所期待的那种动力和雄心。我相信他有能力做出一番事业，成为我们工厂生产线上的一名领导者，甚至是一名领班。我是这么想的，也是这么告诉他的。但是布莱特看起来对我说的毫无兴趣。我一定显得十分惊讶，因为他特意进一步向我吐露说，其实他也想回到学校提高自己，但是对他来说，高中一点也不容易。“此外”，他继续补充道，“两年，就为了一个专科毕业证书？这时间也太长了！”

我问他，他是否想要妻子和孩子。他告诉我说，他已经结婚了，而且很快就要成为父亲了。我问他，他关心的是什么，他想成为什么。他说：“我不想我的妻子有什么想要却得不到的东西，我的孩子也一样。我从小到大都很穷，我只是希望他们能够获得他们想要的东西，而不需要为此忧心。”

好了！这就是我的切入点。我问他：“布莱特，你知道你还要工作多长时间吗？我的意思是，你现在 22 岁，你知道你还要继续工作大约 45～50 年，没错吧？这是你已度过的生命时间的两倍。”然后我停住，等他理解我话中的意思。

“我从没这样想过，但这时间可真长啊。”他回答。

“所以，如果你想要再继续工作 50 年，”我说道，“那么花上这 50 年中的两年，甚至四年时间，回到学校学习更好的技巧，拿几个证书，也不是什么坏事，尤其是你还想为你的家庭提供更好的生活，不是吗？如果能够获得更好的职位，让你有更多的薪水和时间花在你的家庭上，那么用不到一生工作时间的十分之一去努力实现这些，也不算多吧，对不对？”

结束谈话后，布莱特带着一副非常严肃的沉思表情离开了教室。我联系到了布莱特的教练（主管），告诉他我与布莱特的交谈情况，他则告诉我他会继续推动布莱特，让布莱特思考自己的未来，并鼓励布莱特回学校继续深造。

那个秋天，布莱特注册参加了一个专科教育课程，并且定时参加我们公司学习中心的培训项目。接下来的三年中，我看着布莱特专心地做着作业，预习课堂知识。这对他来说非常不容易，因为他不仅要保持优秀的工作业绩，还要上课学习、回家完成所有的作业和项目，同时他还要做一个好丈夫以及两个孩子的好爸爸。有时候，他会向我抱怨甚至挖苦自己的选择："我都对自己做了些什么?"但是更多的时候，他与我谈论的是他最近得到的"优"，以及他的优异成绩如何让他自己都惊喜连连。

三年后，我十分自豪地与布莱特的朋友们一起为他开了一个毕业庆祝会。他已经完成了人生中的一大成就，这可以让他进一步实现他的目标：为他的家庭提供有力的经济保障。布莱特是那个做了所有工作的人，我只是很高兴我能够扮演一个小小的推动角色，让布莱特看到充满希望的未来。又一次，我成功通过了"关键时刻"对我的考验，对此我十分激动。

你或许不相信你所做的工作也可以让你成为某人的"英雄"。其实，你不必加入海军突击队、救火员或者警察这些职业才能成为"英雄"，因为你本身已经具有足以去影响他人的方向和业绩的力量，不管是工作内的还是工作外的。有时候，你甚至不必做太多工作——你只是推动对方前进这个大链条的一个小环节而已。但是，身为一名领导者，你最宝贵的时间应该花费在对"关键时刻"的寻找上。

然后，你需要做好准备迎接不同类型的时刻——可能要求你立即行动，也可能要求你按兵不动。如果你已经拥有一颗服务型领导者之心，以及一名勇士的责任与承诺，那么你无疑已经做好准备。通过"领导力透视镜"来观察你的机遇，你将会看到超过你想象数量的"关键时刻"，并且获得成功。

总结和练习

章节重点：我们的生活中充满了关键时刻，这些时刻是对我们的技巧、天性以及他人责任与承诺的测试。大部分的工作并不会将我们的生命暴露在风险之中，但是在这个高度互联的矩阵式结构的世界中，我们的确将我们的职业生涯、我们的生计以及自身利益交到了其他人的手上。

重点应用：通过你设立的行为榜样、工作预期以及做出的大小决策，你可以影响到许多人的生活。你必须通过发展职业型勇气、管理型勇气和道德型勇气，准备好迎接关键时刻的到来。

个人计划：

为了在工作中做好“关键时刻”的准备，我要学习/阅读/研究__________。

为了得到更多的专业见解、指导和建议，我会与__________进行联系。

我会要求__________来监督我，帮助我保持对__________的责任。

为了获取那些我尚未完全掌握的要素/能力的相关经验，我会在__________（日期）之前去做__________。

结语

不管我们的努力是否被生命青睐，当我们临近伟大目标之时，请让我们能够大声去说：“我已经做了我能够做到的一切，让那些有能力的人继续做得更好。”

——路易斯·巴斯德

如果你的目标需要耗费大量精力，需要许多工作才能够带来巨大的利益，而对你来说是个巨大的挑战，那么你永远都能够向前看，永远能够保持对新的一天的期待。

——苏珊·波利·舒兹

追随力是领导力的前提。大部分非凡的领导者们都是从成为非凡的追随者开始的。而成为非凡追随者需要的是“赢得自己筹码”的心态，而不是“排队等候”。未来的二十年内，美国将会有数千万经验丰富的婴儿潮世代领导者退休、离开他们的工作岗位。而X世代的数量则不足以填补这些空缺——连一半都填补不了。当然，新的技术和方法能够帮助现代领导者完成一部分必须的工作，不过还是会有数以千万计的千禧世代被引入进这个领导力真空中。这些千禧世代会快速晋升到领导职位——比以往任何一代人都要快，但是留给他们培养领导力技巧和自信的时间也比任何一代人都要少。而且，在他们进行领导工作的时代，事物复杂性变化的增长率要远远超过人类的适应能力。

为了应对这种状况，我们需要快速地发展基础领导力。新兴市场正在以令人惊叹的速度发展壮大，它打破了全球经济力量的旧局势，形成了新的平衡。这些经济发展亟需富有经验的第一代或者第二代商业领导者。而这些领导者善用的领导原则，其实就是人本原则。这些领导者青睐并且为之工作的，是那些能够通过人际互动来完成任务的公司组织。

领导力推动经济发展

吉姆·柯林斯创造出“第五级领导者”这个词来形容那些谦逊却能够带领公司从“优秀”走向“卓越”的领导者们。我们知道，强大的领导力团队能够推动整个组织获得更加优秀的业绩。有研究显示，拥有强大领导力的团队获得的三年股东回报率要高 15%，但是根据 2009 年企业领导力委员会的高潜力人才调查项目显示，只有 40% 的员工被确认拥有“高潜力”，也就是说他们能“被要求贡献出（他们的）全部潜力”。而且每五名领导者中只有两名被评为是“有效率的”或者“高效率的”。

我花费了二十年的时间，以一名领导者和追随者的“矛盾综合体”身份在军队、学员、商界、政界以及非公益组织和社区进行工作。我很幸运，获得了许多超出我年龄和经验的责任与自主权。我的早期领导影响力让我获得的，不仅仅是“实验”的许可：它们要求我改变我的领导力和追随力技巧，留下有用的，抛弃没用的。它们教会我使用“领导力透视镜”来检查所有的工作成果，不管是一支无纪律的团队，还是一次意料之外的成功。

“领导力透视镜”应用的是当责的理念。我相信，所有的成功与失败，其根源都在领导力上，而身处领导位置的那些人应该对这些结果负全责：伟大的领导者们并不惧怕使用“领导力透视镜”来检查他们的工作成果。

最优秀的领导者们能够帮助团队克服人性中的弱点与组织的缺陷。他们能够创建一个良好的环境氛围，让团队成员感觉自己是有价值的，感觉自己必须进行持续不断的自我发展，以便为自己及组织的成功做出更大贡献。人类是一种极其复杂的不完美生物，充满了丑陋的行为与不理性的情绪。但是这些缺点并不能阻止那些聪慧的团队成员成为一名杰出的领导者，通过激励他人达成自己的伟大业绩。

下面是经过时间检验的三大原则，可以将你打造成更优秀的追随者与领导者。从今天开始，这三大原则将会帮助你获得更多的事业上的成功，它们是：服务、培养、激励。

服务

就像你在本书开始读到的一样，领导力的第一个原则就是关于追随力的。一名“服务式追随者”能够通过优先为团队的最佳利益服务（而不是自身利益），来为领导者的最佳利益服务。以一个追随者的身份为领导者和团队服务，你能够赢得更多的影响力和美誉，而这些声望反过来能帮助你晋升到领导层级，并担负相应的领导责任。不过请记住，虽然你晋升为领导者，但是你同时依旧是一名追随者。

充满矛盾色彩的是，“服务式”精神同样也是维持发展领导力的正确理念。通过优先寻找、服务下属的需求，服务型领导者可以培养下属获得完成组织任务所需的经验技巧。最优秀的服务型领导者能够“使用生意来打造他们的员工”，而不是“用员工打造自己的生意”。

下面是一些其他必需的服务元素：

• 忠诚——对你的领导者和团队忠诚，即使你个人不同意某些决策或命令。

• 正直、道德和优秀品质——高信任度团队效率更高、速度更快，而且与一个低信任度团队相比，高信任度团队的运行成本也更低。

• 主动性、智谋和自主——减轻领导者的重担。发挥你的主动性对事物进行改善提高。“自主引导”4型导弹是一种高级武器，可以自动进行目标调整、独立运行，不击中目标不罢休。你需要做的，就是成为一个“自主引导”型团队成员。

- 专业精神——起到杰出的榜样作用，这会让你脱颖而出。要高效多产，要有创新精神，要成为专家，要彬彬有礼。

最高效的领导者们会将责任与权力一同给出，以获得任务的高效完成——这才是真正的授权。此举允许他们的下属使用授权来构筑自己的有效工作方法。此外，他们还意识到他们作为领导者的卓越声望就是他们的个人品牌，他们会努力培养这个品牌，就好像苹果、耐克以及迪士尼管理自己的品牌一样。

那些最优秀的领导者们会雇佣最优秀的人。他们寻找的是那些“首先像个领导者，并且在相应职位领域内工作杰出”的应聘者。招聘是一个需要极度耐心的审查过程：在考察职业能力的同时，还要考察应聘候选人的文化融入性。最优秀的领导者们会雇佣那些他们认为有能力在组织内至少晋升两级的候选人，通过雇佣，他们能够维持他们团队的强度，并且获得一个“值得追随的”领导者美誉。

培养

对你的领导者、你的团队以及你的自我发展来说，培养也是服务的一种。最优秀的追随者和领导者们能够打造他们自己的领导力工具箱，用以服务他人。如果你能与那些比你聪明的人（那些在他们各自专业或者领域中最优秀的人）建立人际关系，那么你就能更快地成长，获得更多的成绩。同时，你还需要努力扩展你的知识面，培养你的判断力，这样你才能与高你两个等级的领导者进行持续的专业交流。

不管什么时候，你都应该保持对专业人员与专业话题的好奇心。一开始，这些内容很可能显得很有趣，但与你的日常工作毫无关系，但是你要坚持去做，最终你会发现这些内容在漫长的职业生涯之中的用武之地。我们说的职业生涯，其实是一段8～10年的历险旅程，前方的道路往往是你意想不到的。你要有意识地去：寻找专业领域内你感兴趣的专家对你进行指导；寻找机会以你喜欢的、你擅长的、你觉得有需求尚未填补的、你的良知要求你去做的工作为生。你还需要花费时间来培养你的职业人脉，也可以通过导师身份，给予他人帮助（要比你获得的指导和帮助多一点）。

身为某人的领导者，意味着你就是对他职业发展影响最大的那个人。那些最优秀的领导者兼具教师的身份，他们能够学习的绝大部分都是发生在工作当中，而不是在培训项目里。同时，你还需要确认你的下属理解了你对他们学习应用这一项新技巧的预期。然后，你要用超过你下属们想象的，甚至他们自认为无法完成的目标去挑战他们的能力。相信我，最终他们会感谢你曾经给予他们的这种压力。

不管是自我发展还是培养他人，最重要的一点就是当责。最优秀的领导者们与团队成员们不会逃避关于绩效与预期的艰难对话。他们会专注于当下的谈话，并且显示出百分之百的真诚与百分之百的尊重。

激励

那些最成功的、最受尊敬的领导者们善于使用的是影响力，而不是级别或者权力。为了完成目标，他们能够全方位接受来自组织内部和组织外部的建议、指导和帮助。他们以仆从之心进行领导，因为这些领导者知道：只有通过帮助他人达成他们的最高目标，才能够让他们全身心地投入工作，才能让他们自愿将所有的精力放在团队任务上。

所有领导者都应该不断地进行思考：在我称之为的“自信序列”中，他们和他们的团队处于什么位置。

对领导者和团队来说，序列中有一个能够取得平衡的完美“理想点”。在这个平衡点，他们拥有足够的自信来进行任务，因为他们已经准备得十分充分——他们是有责任感的专家。同时，他们也拥有合理的质疑精神，担心是否还有一些没有注意到的盲点存在。这种质疑精神能够推动他们进一步学习，变得更好。最优秀的团队能够意识到，他们不是在变好，就是在衰退，根本没有所谓的“稳定状态”。最优秀的领导者们不会为自满和傲慢而彻夜未眠；真正让他们彻夜未眠的，应该是如何让他们的团队成员们彻夜未眠地对自满与傲慢的担心和思考。能够这样做的，才是一支服务式领导的、自我发展型团队。

一个领导者最应该担心的两件事是

自满 ←——————→ **傲慢**

自信序列

人类在专业、道德、精神以及肉体上能够达到难以想象的成就。但更让人难以想象的是，他们需要庞大的激励与动力。对于领导者来说，有许多种手段方法可以激励团队成员。最优秀的领导者们，能够在正确的时间正确的场合使用正确的手段和方法。想要成为这样的高效促动者，你必须透彻地了解你的团队成员，了解他们“整个人”，而不是把他们当成一个“一周来工作 50 个小时的家伙”。

通过与团队成员们深入内心的交流，领导者们可以释放出惊人的责任感与成就。借此，他们能够将他们的团队转化为真正的高绩效团队。与那些领导力技巧低下的团队相比，拥有激励高绩效能力的领导者们能够获得 1.5 倍的总收入以及 1.8 倍的利润。

最优秀的领导者和追随者们已经做好了面对关键时刻的准备。大部分工作并不具有身体方面的危险，或者要求像特种部队、消防员（我们认为是英雄的那些人）具备的那种勇气。但是，不管你的工作是什么，每一天，你都是把你的职业生涯和供养家人的能力交到别人的手上。这就要求每个人都要做好准备，以应对职业型勇气、管理型勇气与道德型勇气的需求。勇气，是领导力的必需元素之一。这就是为什么领导是令人尊敬的工作。所有的领导都是高贵的。

你必须做的事

不管你是谁，你都是站在历史巨人的肩膀上前进的。每一件我们所拥有的东西，都是来自前辈们的礼物。你的责任与义务就是留给未来的追随者、领导者以及他们的团队们更多更宝贵的东西。

你已经知道如何前行，你的旅程现在已经变得很简单。但是简单并不代表容易。

我的朋友，畅销书作家帕特里克·斯诺，激励团队的方式是让他们大声重复朗读约翰·安德森的名句："今天我做了别人不愿做之事，明天我就可以拥有别人没有的。"当然，他指的拥有并不是物质资产。你想"拥有"的东西要比物质资产重要得多，而且你只能通过挑战自己来获得它们。

在这种精神下：

- 你的挑战是重温影响力地图。确认你要改进的 2～3 项行为举止是否能够最大限度提高你的效能，并且能让你快速接近并获得你的"声音"。然后，将这些行为举止与相应的团队及组织目标联系起来。
- 你的挑战是重温每一节最后的"总结与练习"并创造你自己的发展计划：写下你需要完成的正式学习（书籍、课程、研讨会，等等），你愿意寻找的社会化学习（从同事和导师那里学习）。最重要的是，写出那些你需要的与领导者一起创造的体验经历，以便你能够在工作中实践这些技巧。为此，你或许不得不承担一些额外的工作。然后，在接下来的 6～12 个月内，你需要努力提高你选择的这一到两项技能。
- 你的挑战是"服务"，这要从提高你的追随力开始。你还需要调整你的理念，把服务看成是你身居领导者职位的原因。那些你领导的人是否变得更加强壮、聪慧、自由、自主，是否也想成为一名服务他人的仆人？
- 你的挑战是"培养"，培养和发展你自己与他人的技巧及职业生涯。

• 你的挑战是“激励”他人，通过你设立的榜样、技巧和影响力以及你在紧急时刻依旧能够完成任务的能力，去激励他人获得伟大成就。

最后，祝好运伴随你的旅程！我们的世界亟需那些经验丰富的追随者、领导者和团队。使用“领导力透视镜”来审视你的业绩成果，能够保证你度过一个有影响、有意义、有价值的一生。

附录　影响力地图：将你学习到的技巧转化为更出色的工作成果

在后文中，有一幅“影响力地图”。如果你和主管或者导师能够创造你自己的影响力地图，那么你离成功就不远了。

如何使用影响力地图

本书中最重要的课程在表中最左列（A）。你和你的领导者应该就此进行讨论，并共同选择对你当前职业发展影响最大的两至三项课程内容。

你和你的领导者还应该一起讨论并明确具体的两至三个工作，在这些工作中你能够应用你学到的知识。然后，在B列，你要具体地描述出你将会在工作中进行的新行动，这些新行动应该是能够被他人观察到的。

在C列，你和你的领导者要详细地列出你的新行动为团队的年度计划或者战略目标带来的收益。收益的描述要具体，要能够量化，可以是项目目标的达成、节省的资金数量、杰出的销售业绩，或者是战略关系的加强。

然后，将你在C列中的团队提升量化成果与D列组织层面的相关量化内容联系起来，可能后者受到了前者的直接影响，也可能前者对于后者的影响是间接的、较小的。这时你要问问自己：你的新行动是否影响并提高了销售数量？是否提高了效率、质量或者安全率？是否让公司离达成内部员工发展目标更近一步？

你需要花些时间，将书中的课程（A）与通过学习带来的组织层面的业绩提高（D）联系起来。

“影响力地图”示范

请看一眼本节最后部分附表中表一的“影响力地图示范”。地图的主人向她的主管介绍了这本书，传达了使用影响力地图作为她个人发展计划一部分的想法。在浏览了 A 列中的课程之后，她和她的主管为她未来 12 ~ 18 个月的发展计划进行了讨论，并且决定她下一年的工作能力发展重点：加强主动权和变革管理技巧。

在 B 列中，她列出了通过学习后她要展开的新活动：对上阀壳体进行最少三项的设计修改，进行商业调查和商业案例开发。她还要领导一个高利润、整个公司层面的项目（购买安装一个新的生产机器），她还要使用六源模型来对这次变革计划进行管理。

如果她成功了，阀壳体的重新设计将会带来质量提升和成本降低。布莱恩特新机器的添置将会为他们带来一项至关重要的新业务，同时还会提高员工的职业安全性。这些目标随后被联系到与之相关的企业目标上去（D）。

只有 10% ~ 15% 的典型领导力课程能够转化为可计量的、大幅提高的商业业绩。但是影响力地图能够清晰易懂地将学习、行动和结果三者联系在一起。这种联系能够确保员工及其主管都能获得足够的支持，并担负相应的责任。在共同努力制作影响力地图的员工—主管组合中，80% ~ 90% 能够大幅提升其工作业绩。

所以，现在请翻到本节最后的表二部分，开始试着填写你的影响力地图，然后联系你的主管（领导者），向他/她解释你的想法。这里，你需要重新阅读 A 列中包含的内容，然后打造属于你自己的发展计划。这个计划将会帮助你获得更好的工作业绩，并且让你从团队成员一跃成为团队领导者。

表一　影响力地图示范

知识 & 技巧（A）	工作中的应用（B）（我最重要的能够提高团队的工作业绩新行动）	工作/团队业绩（C）（我的新活动预计会为团队业绩带来的提高）	组织目标（D）（我新的行为行动最可能产生的影响）
1. 赢得声望：在所有下属层级中都具有强大的领导力。	我会对上阀壳体进行最少三项的设计修改。	我们团队的质量指标应该提升96.5%，同时成本应该打破每千阀值9分。	净销售额增长 +6.6%
2. 以身作则，去激励他人表现出强大的忠诚、正直和[illegible]	我将为产品工程师进行一次商业案例调查&演讲，以改变他们的产品设计思路，直到他们的思维与我们的商业目标一致。		混合运算效率/质量评价 > 94.75%
3. 与那些比自己优秀的人交流沟通，培养自己的人脉，并以此来达到最佳工作表现。			获得3亿2千万的利润
4. [illegible]	我会从布莱恩特机械公司获得必需的设备，并且交叉执行领导布莱恩特项目。	布莱恩特项目成为公司的最优先五大项目之一。如果成功，这将会带领我们进入一个新的产品领域，并且使生产风险降低15% ~ 18%。	过去3年内新产品的销售额达到年度总销售额的10%
5. 通过培养自己的服务心态，成为一名杰出的领导者。	在十二月三十一日之前，我会使用六源模型以及多媒体互动来赢得最初的批准以及90%的操作人员资格。		记录在案人员损伤率 < 0.001每1千小时
6. 培养并推销你自有的、真实可信的领导力品牌。			
7. 通过雇佣和培养员工，提高你团队的整体工作效率。			
8. 尽早并持续不断地与员工进行关于工作表现和责任的谈话。			
9. 利用你的权力和影响力，去激励创造一支高业绩团队。			
10. 在那些意外的、对你职业生涯能够产生巨大影响的“重要时刻”，要表现的轻松熟练游刃有余。			

本表改编自罗伯特·布林克霍夫和安妮·艾普金所著High Impact Learning, (Basic Books) 2001，并获得许可。

表二　你的影响力地图

知识 & 技巧（A）	工作中的应用（B） （我最重要的能够提高团队的工作业绩的新行动）	工作/团队业绩（C） （我的新行动行为预计会为团队业绩带来的提高）	组织目标（D） （我新的行为行动最可能产生的影响）
1. 赢得声望：在所有下属的层级中都具有强大的领导力。			+____% 净销售额，单位净值和/份额增长 ____% 的销售额来自新产品 达到了 ____% 的市场份额 财务： ____% 净利润 ____% 净资产收益率 运营： 降低销售成本 ____% 人力资源： ____% 领导职位的内部晋升率
2. 以身作则，去激励他人表现出强大的忠诚、正直和主动性。			
3. 与那些比自己优秀的人交流沟通，培养自己的人脉，并以此来达到最佳工作表现。			
4. [illegible]			
5. 通过培养自己的服务心态，成为一名杰出的领导者。			
6. 培养并推销你自有的真实可信的领导力品牌。			
7. 通过雇佣和培养员工，提高你团队的整体工作效率。			
8. 尽早并持续不断地与员工进行关于工作表现和责任的谈话。			
9. 利用你的权力和影响力，去激励一支高绩效团队。			
10. 在那些意外的对你职业生涯能够产生巨大影响的“重要时刻”，要表现的轻松熟练游刃有余。			

本段改编自罗伯特·布林克霍夫和安妮·艾普金所著High Impact Learning, (Basic Books) 2001，并获得许可。

致谢

对于自己对他人生活造成的影响，我们常常一无所知。在本书的完成过程中，很多人（多到我无法在此全部列举出来）做出了巨大贡献，他们本人也对此一无所知。不管是他们完成的还是未完成的事业，他们做出的或杰出或不那么杰出的榜样，都令我深受鼓舞并为之改变。对此，我心怀感激。

斯科特·钱德勒——我的领导力标杆。如果我能给你留下深刻的印象，那么我知道我大体上已经做得不错了。感谢你的友情和帮助，我的舰友。

蒂姆·阿伦斯——我的右脑，我工作上的“另一半”，感谢你对我的帮助。

肖恩·莱德曼，是你教授我如何战斗：“战斗着飞行，飞行着战斗，战斗直至胜利。”宾·伦吉尔，是你教授我如何写作。帕特里克·斯诺，你是我的榜样，激励着我去写作本书。还有泰勒·蒂仕拉，是你告诉我不要使用分离不动式。

拉尔夫、露娜和雪莉·斯德尔、唐·麦克亚当斯、布莱恩·克勒普克、利亚·格劳布以及 1400 名约翰逊维尔公司的成员们，你们共同打造了一家特殊的公司。这家公司的团队不仅打造领导者，还鼓励其他团队成员勇于讲出自己的意见和建议，这是一个在培养领导者的同时还能够帮助团队成员成长和发展的团队，所以你们能够发挥上帝赋予你们的所有潜力。

最后，我还要感谢我的海军学院同学，“塘鹅”飞行中队的伙伴们，“加农炮”普罗德夫，通用磨坊的那些好人们以及我在密歇根州和威斯康星州的家乡。